세계 최초의 금속활자본

남南명明증證도道가歌

박상국 지음

박상국 朴相國

정통한 불교서지학자.
문화재관리국 전문위원, 국립문화재연구소 예능민속연구실장, 문화재위원,
한국문화유산연구원 원장 등을 역임, 현재 동국대학교 석좌교수.

저서

《문화재대관》(전적편), 《전국사찰소장 목판집》, 《사경》,
《고려대장경판의 판각과 남해》

세계 최초의 금속활자본 남명증도가

개정판 1쇄 인쇄 2020. 5. 25.
개정판 1쇄 발행 2020. 6. 1.

지은이 박상국

발행인 고세규
발행처 김영사

등록 1979년 5월 17일 (제406-2003-036호)
주소 경기도 파주시 문발로 197(문발동) 우편번호 10881
전화 마케팅부 031)955-3100, 편집부 031)955-3200 | 팩스 031)955-3111

저작권자 ⓒ 박상국, 2020
이 책의 저작권은 저자에게 있습니다.
저자와 출판사의 허락 없이 내용의 일부를 인용하거나 발췌하는 것을 금합니다.

값은 뒤표지에 있습니다.
ISBN 978-89-349-9288-2 03900

홈페이지 www.gimmyoung.com   블로그 blog.naver.com/gybook
페이스북 facebook.com/gybooks   이메일 bestbook@gimmyoung.com

좋은 독자가 좋은 책을 만듭니다.
김영사는 독자 여러분의 의견에 항상 귀 기울이고 있습니다.

이 도서의 국립중앙도서관 출판예정도서목록(CIP)은 서지정보유통지원시스템 홈페이지
(http://seoji.nl.go.kr)와 국가자료공동목록시스템(http://www.nl.go.kr/kolisnet)에서
이용하실 수 있습니다. (CIP제어번호 : CIP2020019999)

이 책은 2020년 1월 20일 발행한 《남명천화상송증도가, 세계 최초 금속활자본의 탄생》을 새롭게 펴낸 것입니다.

세계 최초의 금속활자본
남南명明증證도道가歌

박상국 지음

南明泉和尚頌證道歌一部 幷序
我聞如來善護念諸菩薩以心善付囑
諸菩薩以法心之所示言所不能該法
之所傳意所不能盡即言不離種種
想離言意者亦復如是不即不離種種
平等不隨於無不麗於有言意兩忘而
心法得矣夫法本無為對境而立心非
有祖隨物而現故前際不來後際不去

직지보다 138년 앞선 금속활자본의 탄생

무구정광대다라니경, 의천의 교장, 고려대장경의 진실을 밝힌 저자가
오랜 연구 끝에 세상에 알려진 정설을 뒤엎고
금속활자의 진실을 규명하여 다시 쓰는 한국 인쇄의 역사

김영사

일러두기

1. 이 책에서는《남명천화상송증도가》의 여러 판본 중 공인본과 삼성본을 비교하여 공인본이 다른 판본들과 달리 금속활자본임을 증명한다. 편의상 공인본은 A, 삼성본은 B로 표기한다.

2. 《남명천화상송증도가》는 줄여서《남명증도가》,《남명집》 등으로 불린다. 이 책에서는《남명천화상송증도가》와《남명증도가》를 혼용해서 사용한다.

3. 본문에 수록된 활자의 경우 부록의 영인본에서 확인할 수 있도록 위치를 표기한다. 전면은 a, 후면은 b로 표기하고, 자리는 첫째 줄의 첫 번째이면 1-1로 한다. 예를 들어 제1장 전면의 첫째 줄 첫 번째 글자이면 '1a 1-1'이고 제5장 후면의 둘째 줄 세 번째 글자이면 '5b 2-3'으로 한다.

4. 《남명천화상송증도가》 한글 번역은 동국대 역경원 역경위원이었던 고 박상준의 역이다.

현재 세계에서 가장 오래된 인쇄본은 1377년에 흥덕사에서 간행된 《백운화상초록불조직지심체요절》로 알려져 있다. 그런데 필자는 오랜 연구 끝에 공인박물관 소장의 《남명천화상송증도가》가 세계 최고最古로 알려진 활자본보다 138년 앞선 1239년에 금속활자로 간행된 책임을 밝혀냈다.

그동안 우리 학계는 고려의 금속활자가 강화천도(1232) 전에 발명된 것으로 판단했다. 그 뿐만 아니라 고려 말까지 중앙정부에서 금속활자를 주조하여 서적을 간행했으며, 이 기술을 바탕으로 조선조 태종 3년(1403)에 주자소를 설치하자마자 바로 계미자를 주조하여 인쇄한 것으로 이해해왔다. 그러나 고려시대에 금속활자가 발명된 것은 사실이나 금속활자 간행과 발전이 지속되지 못했고, 조선 초기에는 그 주조 기술이 전래되지도 않았다.

"공인본 《남명천화상송증도가》는 금속활자본이다"라는 사실을 밝히는 작업은 나에게 피할 수 없는 숙명이었다. 2014년 여름, 문화재청장을 역임하신 분이 필자에게 전화로 고서 감정을 부탁하면서 의뢰인을 소개했다. 그 며칠 후 의뢰인 일행이 방문했는데, 책 소유자는 함께 온 원진스님이었다.

그 고서가 바로 《남명천화상송증도가》였다. 스님은 이 책이 목판본으로 잘못 감정되었다면서 금속활자본임을 밝혀줄 것을 필자에게 주문했다. 이 책의 감정은 바로 해결할 수 있는 일이 아니며, 당시 다른 일정도 있어 3개월 후에 검토해드리기로 약속하고 헤어졌다. 그런데 이 책은 스님이 나에게 처음으로 가져온 것이 아니라는 것은 알았지만, 그 후 관련 자료를 찾아보다가 이미 2012년에 문화재위원회에서 삼성본(삼성출판박물관 본)과 동일한 목판 번각본飜刻本으로 판정해 나란히 보물 제758-1, 보물 제758-2호로 지정했다는 사실을 처음 알게 되었다. 이러한 사실은 필자에게는 심한 충격이었고, 보물 지정 사실을 알려주지 않은 스님에게 섭섭한 마음이 들었다. 한편으로 스님과는 20년 가까이 연락조차 없었던 인연이라 구업舊業을 해소하는 차원에서라도 이 책이 왜 금속활자본이 아닌가에 대해서 납득할 수 있도록 설명해서 앞으로 다시는 미련을 갖지 않도록 해드리자는 생각으로 판본을 면밀하게 검토하기 시작했다. 그때는 스님이 소유자로서의 집착 때문에 이 책을 금속활자본으로 잘못 알고 있는 것이라고 생각했다.

그런데 책을 들여다볼수록 금속활자본이라는 확신이 들었다. 이 사실을 보조사상연구원에서 발표하기로 약속하고 관련 자료를 찾아 논문을 정리하기 시작했는데, 당시 문화재위원회 회의록을 인용하게 되었다. 그러나 당시 문화재위원회의 회의록 인용은 필자에게 정서적으로 매우 곤혹스러운 일이었다. 문화재위원들의 판단을 뒤집는 것이기에 오랫동안 힘든 시간을 보내야 했다. 그만큼 확실한 증거를 찾지 못하면 포기하겠다는 생각으로 처음부터 판본을 한 장씩 다시 검토했다. 그러나 검토할수록 문화재위원들의 판단이 잘못되었다는 확신이 들었고, 학계의 역학구도를 흔들어놓는 일이 되어 이 일을 어찌해야 하나 싶어 눈앞이 캄캄했다. 이때부터 새벽이면 일어나서 책상에 멍하니 앉아 있는 버릇이 생겼다. 그러나《남명천화상송증도가》의 정체성을 밝혀내는 일은 나의 숙명이라는 생각이 들면서, 이 일이야말로 우리나라 금속활자 연구사의 기점이 되는 매우 중요한 의미와 가치를 지닌다는 자부심으로 감정을 추스르고 다시 연구에 매진하였다.

필자는 문화재청 재직 당시 전국 사찰 소장 목판 조사를 수행했고, 500여 책에 대한 문화재 지정 조사와 5만여 책에 대한 해외 전적 조사를 주관했다. 특히 해인사 대장경판전과 사간판전에는 오랜 세월 사용하여 마멸된 경판이 함께 보관돼 있어 목판 글자 표면에 나타난 목재의 할렬割裂(갈라짐) 현상을 여러 차례 관찰했다. 이와 같이 사찰 목판 조사와 고서 조사를 긴 시간 동안 해왔기에 목판본에 관한 기본적인 안목은 갖추고 있다고 자부해왔다.

그런데 공인본은 삼성본과 동일본이 아니고 금속활자본인데, 왜 원로 교수의 연구논문과 문화재위원들은 공인본을 삼성본과 동일한 목판본으로 결론 내린 것일까? 문제의 핵심을 다시 처음부터 살펴본 결과 공인본과 삼성본 권말에 붙은 최이의 지문을 번각본(복각본)의 지문으로 오해한 탓임을 알게 되었다. 1239년 당시 최고 권력자 최이가 쓴 지문은 번각본 간행을 위한 것이 아니라 금속활자 간행을 위한 지문이었다. 이 사실을 밝히는 데는 우리나라 최고의 한문학자 이정섭 선생을 비롯한 여러 학자들의 도움이 컸다. 아마도 최이의 지문에 대한 최초의 검토였을 것이다. 그리고 무엇보다 공인본은 삼성본과 동일한 목판본이 아니라는 증거들은 각 장의 좌우 광곽과 글자 등에서 무수하게 확인되고 있는 실정이다.

우선 공인본이 삼성본과 달리 금속활자본이라는 확신을 위해서 그 특징을 정리했다. 그중 가장 확실한 금속활자의 특징이라 할 수 있는 너덜이, 획의 탈락 등 목판본에서는 볼 수 없는 주조 기술의 미숙으로 생긴 흠·허물을 곳곳에서 확인할 수 있었다. 그것도 초창기의 금속활자본이 아니면 나타날 수 없는 현상이었다. 만일 금속활자를 발명한 후에 두 번째 간행이라면 다시 주조하여 간행하였을 것이므로 절대 나타날 수 없는 흠·허물이다.

그리고 충북대학교 목재종이학과 최태호 교수가 삼성본에서는 목결이 나타나지만 공인본에서는 목결이 없다는 사실을 과학적으로 분석하여 밝혀주었다. 더구나 공인본은 삼성본보다 후쇄본이라는 판정대로라면 훨씬 많이 발견되어야 할 목결이 없었다. 이 과학적 분석으로도 공인본이 금속활자본이란 사실이 증명된다. 이외에도 최이가 1239년에 처음으로 전라남도 조계산 수선사(현 송광사)에서 최초로 금속활자를 사용하여 《남명천화상송증도가》를 간행한 것임을 추정해냈다.

필자는 공인본의 실태를 정리하면서 해외에서 연구된 우리나라 금속활자 논문을 찾아 살펴보았다. 한국의 금속활자 연구가 1882년 영국의 어니스트 사토, 1900년 프랑스의 모리스 쿠랑, 1906년 일본의 하야시 다이스케 등 외국 학자들에 의해 상당한 수준으로 진행되었음을 알게 되었다. 이러한 외국 학자들의 논문을 통해 고려시대 금속활자본에 대한 학계의 전후 상관관계를 정확하게 이해할 수 있었고, 공인본이 우리나라 금속활자 발명 직후에 간행한 초창기의 금속활자본이라는 확신을 갖는 데도 도움을 받게 되었다.

우리나라가 가장 어려웠던 시절, 외국인들이 쓴 논문은 우리가 세계 최초의 금속활자 발명국이라는 문화적인 자존감을 세상에 널리 알려주었다. 이 자존감이 현재의 대한민국으로 성장할 수 있는 동력이 되었다고 필자는 믿는다. 너무나 감사한 생각이 들어, 나도 모르는 사이에 두 손을 모으게 되었다.

그러나 역사의 소용돌이 속에서 외국인에 의해 새롭게 밝혀졌던 많은 사실들을 우리는 금속활자 발명국이라는 자부심만을 앞세우며 성급하게 주워 담아 역사적 사실을 왜곡했으며, 한 걸음 더 나아가 엉뚱하게 추단하기에 이르렀다. 고려는 금속활자를 사용하였지만, 지방의 사찰이 중심이 되어 간헐적으로 몇 차례 금속활자를 주조하여 서적을 간행하였을 뿐이다.

이상에서 살펴본 결과 고려는 세계 최초로 1239년에 금속활자본을 간행했지만, 그 기술을 계승 발전시키지 못하였음을 알 수 있다. 그리고 조선조에는 고려시대에서 전래된 금속활자나 활자주조 기술이 없었다는 생각이 들었다.

국보로 지정된 1395년과 1397년의 공신녹권은 목활자로 간행했는데, 새김이나 인쇄가 조잡하다. 당시 고려에서 전래된 금속활자가 있었더라면, 조잡한 수준의 목활자를 새겨 공신녹권을 간행하지 않았을 것이다. 그리고 조선조 태종 3년(1403)에 설치한 주자소에서 설치하자마자 계미자를 주조해 인쇄했다고 알려져 있는데, 이 일도 고려에서 금속활자 주조 기술과 조판·인쇄 기술이 전래되었다는 전제에서만 가능한 일이다.

《남명천화상송증도가》는 1931년에 경성제국대학에서 열린 '조선 활자 인쇄 자료전'에 최초로 출품되면서 일반인에게 알려졌다. 당시의 도록에 최이의 지문이 처음 소개되었다. 이 지문은 1954년 서울대학교와 연희대학교에서 열린 전시회에서도 소개되었는데 모두가 번각본이었다. 이후 1984년 삼성본 《남명천화상송증도가》가 보물로 지정되면서, 권말에 붙어 있는 최이의 지문은 번각본의 간행 지문으로 굳어지게 되었다. 이와 같이 최이의 지문은 번각본에 붙어 있는 것으로 먼저 세상에 나타난 탓에 현재까지 번각본의 지문으로 잘못 알려졌다.

필자는 이 책《남명천화상송증도가, 세계 최초 금속활자본의 탄생》을 통해 최이의 지문은 금속활자 간행지문이고, 공인본《남명천화상송증도가》는 1239년에 처음으로 간행한 금속활자본임을 밝혀냈다.

"공인본은 최초의 금속활자본이다"라는 명제를 위하여 노력한 결과 금속활자에 대한 실상을 꼼꼼하게 검토했고, 나아가 해방 이후 우리 학계의 금속활자 연구 성과 및 동향을 바로 살펴볼 수 있는 계기가 되었다.

"매화가 그냥 피나요"라고 하신 법산스님의 법문처럼 인연에 의해서 인연 따라 짓고, 인연 공덕 탓으로 공인본《남명천화상송증도가》가 세계 최초의 금속활자본임을 밝힐 수 있었다.

임원순, 서헌강 사진작가는 해상도가 높은 사진을 제공해주어 필자로 하여금 자료를 마음껏 확대하여 비교·검토해볼 수 있게 해주었다. 충북대학교 목재종이학과 최태호 교수팀은 적외선 촬영, 알파 시스텍사의 휴대용 디지털 현미경 촬영 등 모든 방법을 동원하고 실험하여, "공인본은 목판본이 아니다"라는 사실을 과학적인 방법으로 입증해주었다. 그리고 삼성출판박물관 김종규 관장의 고마움도 잊을 수 없다. 보물로 지정된 책을 세 차례에 걸쳐 여러 가지 방법으로 촬영하고 판본을 직접 비교할 수 있게 배려해주었다. 그리고 구한말 외국 학자들의 자료를 찾아주고 읽기 편하게 정리해준 동경대학의 구혜주, 박현진 박사 부부, 한국문화유산연구원의 연구원, 독일어 논문과 19세기 영국인 논문을 번역해준 김영사의 김강유 회장, 바쁜 일정 속에서도 윤문을 해준 외우畏友 허균에게도 고마움을 전한다.

그리고 다시 한번 우리 모두가 기억해야 할 것은 삼성본이 있었기에 공인본이 금속활자본임을 밝힐 수 있었다는 사실이다. 모두 예사 인연들이 아니다. 숱한 인연 공덕에 감사드린다.

박상국

南明泉和尙頌證道歌

《남명천화상송증도가, 세계 최초 금속활자본의 탄생》을 출판하고 2달 만에 재판에 돌입하게 되었다. 첫 출판한 직후 책 제목이 너무 길다는 것을 직감했다. 그래서 책 이름을《세계 최초의 금속활자본 남명증도가》로 바꾸었다. 독자들에게 쉽게 다가가기 위함이다. 사실 공인본《남명증도가》는 이미 5년 전에 보조사상연구원에서 개최한 세미나에서 세계 최초의 금속활자본이라는 주제로 발표되었고, 주요 일간지에 특종으로 보도된 바 있다.

그동안《직지심체요절》이 세계 최고最古의 금속활자본으로 알려져 왔고 2001년에 유네스코 세계기록유산으로 등재되었으며, 2004년에는 '유네스코 직지 세계기록유산상'으로 제정된 바 있다.

그리하여 '공인본《남명증도가》'에 대한 세미나에서 논문발표만으로 부족함을 느껴, 확실하게 보여주기 위해 책을 출판하기로 한 것이다. 그런데 제법 긴 시간을 갖고 추진하였지만, 초판에서는 의욕이 앞서 다소 성급하게 추진되어 사진 편집이나 설명이 적합하지 않은 부분이 눈에 띄었다. 그리하여 초판이 발행되자마자 수정을 시작하게 되었고, 김규옥 등 친구들의 도움으로 판매 역시 순조롭게 진행되어 과분한 성과를 올리게 되어 재판할 수 있게 되었다.

'코로나19 바이러스'가 온 세상을 흔들어 놓고 있다. 그런데도 재판을 낸다고 부산의 지현스님에게 말씀드렸더니 이미 2월 초순에 '맑은소리맑은나라'의 대표에게 책을 선물하면서 꼼꼼히 읽고 교정을 부탁해 놓은 상태였다. 그 결과 김윤희 대표는 어색한 띄어 쓰기, 문단 나누기, 문장의 토씨까지 바로잡아 주셨다. 친구 김문수, 장범은 초판이 발행되고부터 이 책을 꼼꼼하게 읽고, 연대표기 오류와 오자를 지적하여 결정적인 실수를 수정하여 주었고, 일일이 열거하기 어려울 정도로 책 전체에 대해 저자 입장에서 의견을 개진해 주었다. 정병규는 대표적인 출판디자이너로 한국의 책 출판을 위한 편집과 디자인의 문제점을 살펴 바로잡아 주었다. 그리고 영문 초록은 전옥배, 최태곤의 도움으로, 일어 초록은 이즈미 교수의 도움으로 완성되었다. 일본 도야마대학 후지모토 명예교수는 몇 가지 결정적인 교시를 해 주었다. 이 책은 우리나라는 물론이고 세계사적으로 역사와 문화를 다시 써야 하므로 불명확한 부분은 수정하였고, 영문 초록과 일문 초록을 넣게 되었다. 이 모든 인연 공덕으로 재판의 수정 폭은 컸지만 보람을 만끽할 수 있게 되었다. 두 손을 모아 깊이 감사드린다.

1장

《남명천화상송증도가》는 무엇인가

《증도가》는 영가진각대사의 저술《영가진각대사증도가》이고,《남명천화상송
증도가》는《증도가》의 각 구절마다 계송繼頌을 붙인 남명천화상의 저술이다.

선가의 수행 지침서,《영가증도가》

《영가진각대사증도가》는 당나라 진각대사 현각玄覺(665~713)이 중국 선종
의 6조 대사六祖大師 혜능慧能을 배알한 후 크게 깨달은 경지를 칠언시로 읊
은 것이다. 이 책은 줄여서《증도가》로 불리는 선가의 대표적인 수행 지침
서이다. 수많은 역대 조사 스님들이《증도가》를 읽고 인용했으며, 선방에서
는《증도가》를 외우지 못하면 대화가 안 될 정도라고 한다.《증도가》는 도
를 증득하고 부르는 노래, 즉 깨달음의 노래이다.[1]

증도가證道歌는 "연을 따라서 깨달아 들어가는 것을 증證이라 하고, 천성千聖
이 밟고 지나간 것을 길道이라 하고, 그 길을 시가詩歌로 읊조리는 것을 가歌라
고 한다."[2] 그러므로《증도가》는 순수한 집중을 통해 인간 존재의 실상을 자
각하는 길을 밝힌 책이라 할 수 있다.

---

1 무비스님,《증도가 강의》, 조계종 출판사, 2014, p.5.

《증도가》는 "그대여 보지 못했는가. 배움 끊고 함이 없는 한가한 도인은, 망상을 제거할 것도 없고 참을 구할 것도 없네君不見 絶學無爲閑道人 不除妄想不求眞", 즉 망상과 참됨의 양변을 여읜 중도의 경지에서는 양자 구별이 더 이상 의미 없음을 설파하는 것으로 시작하여 "큰 코끼리는 토끼 길에 놀지 아니하고, 큰 깨달음은 작은 절개에 구애되지 않느니라. 대통 같은 소견으로 푸른 하늘을 비방 마라, 완전치 못하나 내 이제 그대를 위해 결단해 말해주었노라大象不遊於兎徑 大惡 不拘於小節 莫將管見謗蒼蒼 未了吾今爲君決"로 끝맺고 있다.

이 판본은 간행기록이 뚜렷한 8종의 책이 전래되고 있는데, 그 가운데서 진각대사의 누이인 정거淨居의 주註가 붙은 책이 가장 오래된 것으로 보물 제889호로 지정되어 있다. 1089년에 보제사普濟寺 요오사문了悟沙門에 의해서 간행된 것을 1299년경에 문림랑文林郞 사재소경司宰少卿 이시무李時茂가 번각한 것이다.

1457년에 의경세자(뒤에 덕종으로 추증)의 명복을 빌기 위해 갑인자로 간행한 판본도 있는데, 소자小字의 주쌍행註雙行으로 송나라 범천梵天 언기彦琪와 원나라의 법혜굉덕法慧宏德, 그리고 조정사원祖庭事苑(송의 선향善卿이 편찬한 사전), 함허득통(1376~1433)[3]이 새로 증보한 주석(신증新增)이 붙어 있다. 권말에는 어제 발을 비롯하여 강맹경姜孟卿, 신숙주申叔舟, 한명회韓明澮, 조석문曹錫文, 김수온金守溫, 한계희韓繼禧, 임원준任元濬 등의 발문이 붙어 있다. 그리고 이와 동일한 내용을 을해자로 간행한 판본도 전래되고 있는데, 이 을해자본은 세조에서 성종년간(1455~1494)에 간행된 것으로 추정되며 보물 제1776호로 지정되어 있다.

이외에 조맹부와 안평대군이 필사한 목판본이 전하는데, 주석은 없고 원문만 수록되어 있다. 조맹부가 필사한 《증도가》[4]는 세조에 의해서 목판으로 간행되었다. 《조선왕조실록》에 의하면 세조 1년(1455) 교서관校書館에 소장

《증도가》는 모든 깨닫지 못한 중생을 위하여 깨달음의 경지를 설하여 자성을 바로 깨닫도록 한 법문이다.

---

2 박상준 역, 《한글대장경》, 동국역경원, 2001. 南明泉和尙頌證道歌事實 卷 第1~第2張 後 6~8行, 高麗大藏經(東國大 影印本), 45卷, p.1.
琪注云從緣悟入之謂證 千聖履踐之謂道 吟詠其道之謂歌 故曰證道歌也

3 김수온 발跋, "······永嘉集舊註 間有得通小釋者 採入證道歌 合彦琪宏德祖庭三解······"을 보면, 영가집 구주舊註에 간간이 득통화상이 작은 해석을 한 것을 《증도가》에 채입하였다고 하였으므로 신증은 함허나 득통의 해석으로 보인다. 신증은 7언 절구(2구절)마다 주해가 붙어 있다.

된 조맹부가 필사한 증도가를 인쇄하여 성균관으로 보내 학생들로 하여금 해범楷範을 삼게 하라고 명한 사실이 확인된다.[5] 조맹부의 글씨를 앞세워《증도가》를 널리 유통시키고자 한 것인데, 아쉽게도 당대에 간행된 판본은 전래되지 않고 있다. 또한 세조 3년(1457) 왕이 조맹부가 쓴《증도가》,《자지가紫芝歌》의 목판은 장부를 만들어 간수하게 하고, 인쇄하여 널리 반포하게 한 사실도 있다.[6]

세조 5년(1459)에는 일본국에《대장경》과 함께 조학사의《증도가》를 보냈다는 기록이 있다. 이후에도 거의 매년 일본에《대장경》과 더불어《증도가》를 보냈다. 당시의 판본은 전래되지 않고 번각본은 성종 5년(1474) 삼척도호부에서 간행한 판본과 임진(1592)년에 창원부에서 번각한 판본이 있다. 그리고 안평대군 이용이 필사하여 새긴 판본으로는 선조 7년(1574) 무장현에서 병마도위 김행金行이 간행한 것과 이를 인조 25년(1647) 진산군수 김우엄金友淹이 번각한 것이 있다.

그 후《증도가》는 글씨 공부를 위한 목적으로 번각된 판본들이 전래되고 있으며, 안평대군 이용이 필사한 것도 번각되어 후대에까지 유통되었다. 주석을 붙인《증도가》가 많이 유통되었는데, 깨달음의 경지를 노래한 것이기 때문에 쉽게 이해하기 어려웠던 까닭이다.

《증도가》는 전체 134편 267구 총 1,810자로 구성되어 있다.

깨달음의 진면목을 설파한《남명증도가》

이 책은《영가진각대사증도가》에 송나라 남명화상 법천法泉선사가 각 구절마다 계송을 붙여 깨달음의 진면목을 설파한 책이다. 권수제 다음에 등장하

《영가진각대사증도가》는 고려시대부터 조선조 세조 때까지 주목받았던 선종서적이다.

---

4 경상대학교 소장의 경남도 문화재자료 338호, 국립중앙도서관, 동국대도서관 등에 소장되어 있다.
5 《조선왕조실록》, 〈세조실록〉 세조 1년(1455) 10월 21일.
6 《조선왕조실록》, 〈세조실록〉 세조 3년(1457) 1월 23일.

는 저자의 표기도 '법천 계송'으로 되어 있다.

《남명천화상송증도가》는, "증도가여, 이 곡조 노래하리라. 열반회상에서 일찍이 친히 부촉하셨네. 금색 두타頭陀(승려)는 웃음을 그치지 않는데 몇 자락 푸른 산만 초가草家를 마주하는구나"라는 시구로 시작하여 "깨닫지 못하기에 내 이제 그대에게 결단해 주노라. 이 뜻이 분명하고 분명하지만 전하기 쉽지 않아라. 누가 기꺼이 옛 바위 아래로 돌아오겠는가. 저 창해滄海가 뽕나무 밭으로 변할 때까지 그대에게 일임하리라"로 끝맺는다.

오용천용은 이 책의 서序에서 "남명선사 천공이 옛날 천경산에 머물면서 다시 《증도가》 원문에 계송偈頌을 붙여 삼백이십 편을 만들었다. 아아! 여래의 대 지혜 바다를 환하게 나타내어 사람들로 하여금 모두 수평선 끝을 바라보게 해주셨구나" 하였다.

축황祝況은 후서後序에서 "증도가의 원문을 따라 주석을 단 사람은 많으나 진실로 영가스님의 뜻을 제대로 얻은 사람은 찾아보기가 어렵다고 하고, 남명천 선사는 《증도가》의 구절에 따라 계송을 붙였는데 그 문장이 말쑥하고 뜻이 원대하다. 환하게 영가대사의 마음을 드러내었다. 대사께서 남겨놓으신 실마리를 접하고 이에 마음이 열리면서 밝아졌다. 이 때문에 대사의 계송을 열람하고 청아한 풍모를 흠모하면서 스스로 마음공부를 중단할 수 없었다. 그리하여 판에 새기도록 하여 널리 전하여 막혀 있는 사람들은 통하도록 하고 어두운 사람은 밝아져서 한순간에 뛰어올라 돈오했으면 한다"고 했다. 이 책은 사람들이 낭랑하게 음송하는 사이에 쉽게 불법의 대의를 깨닫게 해준다고 하여 널리 독송되었다.

《남명천화상송증도가》는 영가대사의 계송 1구에 대해 내용을 해설하듯 3구씩 계송을 읊은 것으로, 319편의 절구이고 본문은 8,659자로 구성되어 있다.

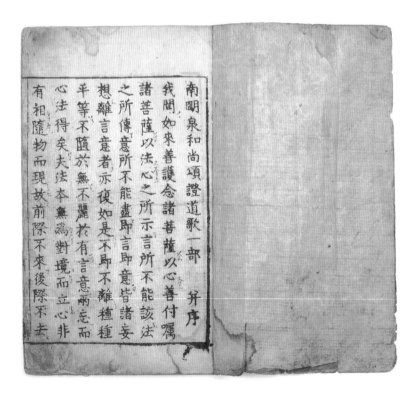

南明泉和尚頌證道歌一部　幷序
我聞如來善護念諸菩薩以心善付囑
諸菩薩以法心之所示言所不能該法
之所傳意所不能盡即言即意皆諸妄
想離言意者亦復如是不即不離種種
平等不隨扵無不麗扵有言意兩忘而
心法得矣夫法本無爲對境而立心非
有相隨物而現故前際不來後際不去

《남명천화상송증도가》 삼성본.
보물 제758-1호.

《남명천화상송증도가》 공인본.
보물 제758-2호.

남 명 천 화 상 송 증 도 가

현존하는 《남명증도가》 판본

《남명천화상송증도가》는 현재 12종 13책의 판본이 전해진다. 이를 정리하면 다음과 같다.

간행처	간행 연도	항자 수	판본
공인본	1239년	8항 15자	금속활자본
대구 스님본	13~14세기 초	〃	공인본 번각
삼성본	14~15세기 초	〃	〃
대구 개인본	1472년	〃	〃
자비산 심원사판	1526년	〃	〃
일산본(심원사판)	1526년	〃	〃

간행처	간행 연도	항자 수	판본
고창 문수사판	1424년	10항 19자	독자적인 목판본
운주산 용장사판	1432년	9항 19자	〃
화악산 영제암판	15세기	10항 18자	〃
광교산 서봉사판	1576년	10항 19자	〃
미상		9항 16자	《고서연구》12호 소개 사진 판독 불가

구분	간행 연도	항자 수	판본
언해본	1482년	9항 9자	을해자본
주석서	1248년	10항 20자	대장도감판

이상과 같이 《남명천화상송증도가》 판본은 공인본과 공인본 계열의 번각본, 조선시대 사찰판으로 나눌 수 있다. 그리고 조선조에 을해자로 간행한 언해본과 고려시대 주석서가 국간판國刊版이다.

이 가운데 공인본과 공인본을 번각한 대구 스님본, 삼성본, 대구 개인본, 자비산 심원사판, 일산본 등 6종의 판본은 모두 8항 15자이며, 최이의 지문이 붙어 있는 공인본의 번각을 수용한 판본 계열로 판심제가 없다.

먼저 1984년에 삼성박물관 소장본이 보물로 지정되었고, 2012년에 공인박물관 소장본은 삼성박물관 소장본과 동일본으로 판단하여 보물로 지정되었다. 대구 개인 소장본은 1472년에 간행한 발문이 제거되어 지정이 보류되었다. 그리고 대구의 고故 종진스님 소장본은 번각본 가운데 가장 앞선 시기에 번각된 것인데 각수의 솜씨도 훌륭하다. 현재 문화재 지정 절차를 밟고 있다. 일산 문고본은 1526년 심원사본과 동일본으로 확인되었다. 이미 여러 차례 번각한 것이라 활자본의 흔적은 찾아보기 힘들다.

이외에 조선시대 사찰판으로, 1424년의 고창 문수사판, 1432년의 운주산 용장사판, 15세기 중기의 화악산 영제암판, 1576년의 광교산 서봉사판 등이 있다. 이들은 고려본 판식에서 벗어나 10항 19자, 9항 19자, 10항 18자, 10항 19자로 배열하였고, 모두 판하본을 다시 작성하여 새긴 독자적인 사찰 판본이었다. 이들 사찰판은 권수제를 《남명천화상송증도가》가 아니라 《영가진각선사증도가》라고 바꿨고 최이의 지문도 제거하였다. 이는 조선이 건국된 후 고려시대의 풍속을 지우고 고려판에서 벗어나고자 노력한 일면으로 생각된다. 그리고 고려본 계통에는 없는 판심제는 '천송泉訟', '남南', '남명南明' 등으로 표기되었고 이 책의 첫머리에 오용천용嗚庸天用이 쓴 서문은 〈남명천화상송영가증도가서〉라고 하여 《남명천화상송증도가》임을 밝혀주고 있다.

이렇게 조선시대 사찰판의 권수제 《영가진각선사증도가》를 보면, 《영가진각대사증도가》와 이름이 비슷하여 영가대사의 《증도가》로 착각할 수도 있다. 그래서인지는 몰라도 《남명천화상송증도가》를 줄여서 《증도가》라고 사용하는 학자들도 있다.

《남명천화상송증도가》에 대해 1472년 조선의 김수온(1410~1481)은 발문에서 '남명천증도가南明泉證道歌'로, 1482년에 을해자로 간행한 언해본에서 한계희(1423~1482)는 "증도가 남명계송, 속역남명證道歌 南明繼頌, 續譯南明"으로, 강희맹(1424~1483)은 "증도가계송, 남명證道歌繼頌, 南明"으로 표기하고 있다. 이렇듯 《남명천화상송증도가》는 《남명집》 또는 《남명 증도가 계송》, 《증도가 남명 계송》, 《남명천 계송》, 《남명 계송》, 《남명천 증도가》 등 다양한 이름으로 불려왔으며, 최근에 세종대왕 기념사업회에서 간행한 역주본은 《남명집언해》이다.

《남명천화상송증도가》는 영가대사의 게송 1구에 3구씩 내용을 풀어주듯 계송을 읊는 구조이다.

판본에 따라 판심제에 '천송', '남', '남명'으로 표기되어 있음을 볼 수 있다. 그러므로 《남명천화상송증도가》는 한 번도 《증도가》라고 약칭된 적이 없었다.

그리고 국간판인 《남명천화상송증도가》를 을해자로 간행한 언해본과 고려시대의 주석서인 《남명천화상송증도가사실事實》이 있다.

《남명천화상송증도가》의 언해본은 세조의 비 자성대왕대비慈聖大王大妃가 1482년에 을해자로 500부를 간행하여 널리 유포하게 한 것이다. 이 언해본은 세종이 30여 수를 번역했던 것을 기초로 하여 학조가 번역을 마쳤다. 권수제는 《영가대사증도가남명천선사계송》이다.

《남명천화상송증도가사실》은 《남명천화상송증도가》의 주석서이다. 진안동도晋安東道 안찰부사按察副使로 있던 도관낭중都官郎中 전광재全光宰가 남해에 내려가 서룡瑞龍의 연連선사에게 강설을 부탁하여 저술한 것을 1248년 9월 상순에 대장도감에서 간행하였다.

또한 증도가의 내용에 대해서는 언기彦琪의 《증도가주》를 중심으로 인용하고 남명천화상이 지은 게송에 대해서 《금강경》, 《화엄경》, 《능엄경》, 《유마경》 등 여러 경론과 《영가집》, 《보림전》 등 고승의 어록과 《시경》, 《상서》 등에서도 인용하여 출처와 뜻을 밝히고 있다.[7]

《영가진각대사증도가》와 《남명천화상송증도가》의 판본 목록은 부록에 실었다.

---

7 高麗大藏經(東國大 影印本,1976), 45卷, p.1.

2장

《남명증도가》를 둘러싼 미스터리

최이의 지문 재검토

《남명천화상송증도가》의 권말에 수록된 최이(?~1249)의 지문은 목판본과 활자본을 구별하는 열쇠라는 점에서 매우 중요한 서지적 의미와 가치를 지닌다. 이 지문은 1931년 경성제국대학(현 서울대학교) 도서관 주최 '조선 활자 인쇄 자료전'에 가미오 가즈하루神尾弋春의 소장본인 《남명천화상송증도가》가 전시되면서 처음 소개되었다.[1] 그 후 1954년에 서울대학교와 연희대학교 전시회에 김두종 선생의 소장품이 출품되었는데, 이때 최이의 지문에서 주자鑄字 관련 내용이 소개되었다.[2] 김두종 선생은 1960년에 발표한 〈고려주자본의 중각본과 남명천화상송증도가〉라는 논문[3]에서 최이의 지문을 번각본의 지문으로 판단했다. 이 책은 이미 몇 번에 걸쳐 번각된 심원사 판본이었다.

　그 후 최이의 지문이 다시 주목받게 된 것은 1984년에 삼성본을 보물 제759호로 지정할 때다. 당시 문화재위원회 역시 최이의 지문을 번각본의 발

1 《朝鮮活字印刷資料 展觀目錄》, 京城帝國大學 附屬圖書館, 昭和6年 10月 3, 4日, p.7에 "重彫鑄字本以壽其傳焉 時己亥(1239)九月上旬中書令晉陽公崔怡謹誌"라고 되어 있다.
2 古印刷文化에 관한 資料展示目錄藁本, 延禧大學校, 檀紀 4287年 7月 15, 16日.
　韓國活字印刷本展示目錄, 서울대학교 중앙도서관, 檀紀 4287年 10月 ?日.
3 김두종, 《서지》 제1권 제2호, 〈고려주자본의 중각본과 남명천화상송증도가〉, 1960, pp.19~20.

문으로 판단하여 삼성본을 1239년에 번각한 후쇄본으로 보았다.[4] 이렇게 최이의 지문은 운명적으로 목판본의 지문처럼 알려졌다. 그러기에 공인본이 아무리 금속활자본이라고 해도 아무도 믿을 수 없었다. 이제 최이 지문의 함정에서 벗어나야 했다. 진실을 파헤치기 위해 먼저 이정섭 선생에게 자문을 구했다. 2014년 10월에 국립중앙도서관에서 고서위원회 회의를 마치고 장소를 옮겨 불쑥 최이의 지문을 내놓으며, 한번 읽어봐 달라고 부탁했다. 그런데 그사이 한 번도 이것을 두고 의논한 적이 없었음에도 불구하고, 선생은 최이의 지문 중 핵심 내용인 '중조주자본重彫鑄字本'을 "주자본으로 다시 주조하여"라고 해석하였다. 그동안 "주자본을 목판본으로 다시 새겨"라고 해석하는 것이 대세였기에, 선생의 해석은 전혀 예상 밖이었다. 당초에 필자는 한문 해석에 애매한 부분이 있으니 달리 해석할 개연성은 없겠느냐고 의논코자 했던 터였다.

공인본 《남명천화상송증도가》의 실상을 밝히려면 최이의 지문을 '번각본 지문'으로 보는 시각에서 벗어나지 않으면, 다음 단계로 진행할 수 없었다. 다소 긴장감을 갖고 검토를 시작하였는데, 시작 단계에서 "주자본으로 다시 주조하여"라는 해석을 받았던 것이다. 최이의 지문에서 핵심 단어는 주자본이고 목판본은 낄 수 없었다. 당시 최고 권력자가 《남명천화상송증도가》의 내용을 위해서라면 명필에게 판하본을 새로 만들게 하여 정성껏 새기면 될 것이지 구태여 흠·허물을 지닌 지저분한 주자본에서 번각하지는 않았을 것이라는 자신감이 있었다.

이 책에 붙어 있는 최이의 지문은 다음과 같다.

《남명증도가》는 실로 선문의 중추이다. 후학으로 참선하는 사람들이 이로 말미암아 당에 올라 오묘한 경지를 맛보지 않는 사람이 없다. 그런데 이러한 책

이정섭 선생은 최이의 지문에서 핵심 내용인 '중조주자본'을 "주자본으로 다시 주조하여"라고 해석하였다.

---

4 1984년도 문화재위원회 회의록, p.58.
　"고려 고종 26년(1239)에 진양공 최이가 그 이전의 주자본을 복각覆刻한 판版을 고려 말에 후인後印한 것이며 자열字列 및 글자의 형태 등으로 고려 주자본의 체제를 알 수 있어 13세기 주자본 연구에 귀중한 자료이므로 지정·보존하려는 것임."

이 널리 유통되지 못해서야 되겠는가. 이에 공인工人을 모아 주자鑄字(금속활자)로 다시 간행하여 오래도록 전하고자 한다. 때는 기해己亥(1239)년 9월 상순 중서령 진양공 최이는 삼가 기록한다.

이 가운데서도 중조주자본이 핵심이었다. 이 내용은 이미 1960년에 김두종이 최초로 해석하여 소개하였는데, "공工을 모募하여 주자본을 중조하여 그 전傳을 수壽케 하니 시는 기해 구월 상순이라 중서령 진양공 최이근지"라 하고, 그다음 단락에서는 고종 26년 기해(1239) 이전에 본서의 주자인본이 이미 있었던 것을 추정할 수 있다.[5] 여기서 번각본 간기처럼 이해하였다. 이후 그는 《한국고인쇄기술사》에서 "기해 9월 상순에 진양공 최이가 주자본을 오래 전하기 위하여 공을 모아 중조한 것이다"[6]라고 하였다.

아마도 초창기 금속활자 주조는 여러 차례 고전을 거듭하다가 겨우 활자를 주조할 수 있었고 인쇄에도 성공할 수 있었던 것으로 보인다. 그러나 최이의 지문이 워낙 오랫동안 목판본 지문으로 이해되었던 내용이라 한 분의 의견으로 부족하다는 생각이 들어 다른 학자들의 의견을 더 들어보기로 하였다.

최이의 지문 가운데 목판본으로 오해할 수 있는 단초를 제공했던 부분이 '어시모공 중조주자본於是募工 重彫鑄字本'이었다. 과거에는 무엇보다 '중조'라는 용어에 구애되었던 것 같다. 당시는 목판인쇄가 번성하던 시기였으므로 모든 인쇄문화가 목판인쇄 용어에서 벗어날 수 없었을 것이지만, 여러 한문학자에게 문의한 결과 다음과 같은 내용을 받을 수 있었다.[7]

● 김두재 번역: 무릇 남명(남명전)의 증도가는 진실로 선문禪門(선불교)에서 중추가 되는 매우 중요한 책이다. 그러므로 후세에 참선하는 사람들은 이 책을 말미암아 승당升堂(참선의 더 높은 경지에 들어감)하여 깊은 이치를 깨닫

---

5 김두종, 《서지》 제1권 제2호, 〈고려주자본의 중각본과 남명천화상송증도가〉, 1960, p.20.
6 김두종, 《한국고인쇄기술사》, 탐구당, 1981, p.122.
7 전화로 문의한 것은 제외하고 이메일로 받은 것을 중심으로 정리하였다.

지 않은 바 없다. 그런데 이 책이 없어져 유통하지 못해서야 되겠는가? 이에 공인을 모아 주자로 다시 새겨(중조) 책을 만들어 오래도록 전하고자 한다. 때는 기해(1239)년 9월 상순 중서령 진양공 최이는 삼가 기록한다.

"제 소견을 첨부하면 이 발문이 붙어 있는 원본이 목판인지 활자본인지 알 수 없으나 만약 원본이 활자본이라면 두말할 필요도 없겠거니와 가령 목판본에 붙어 있다고 하면 이전에 만들어진 활자본을 그대로 목판에 옮겨서 간행한 책으로 보아야 할 듯합니다. 한문의 문법상 이 발문은 분명히 주자에 대하여 쓴 발문으로 보입니다. 목판본을 위해서 지은 발문이라고는 생각할 수 없습니다"[8]라는 의견을 덧붙여 보내주었다.

● 이정섭 번역: 이에 공인을 모집하여 주자본으로 다시 새겨 영구히 전하고자 한다.[9]

● 정원태 번역: 이에 공인을 모아 중조함에 있어 주자본으로 하여 오래 전해지도록 한다.[10]

● 박상준 번역: 이에 공인을 모집하고 주자본을 중조하게 하여 《증도가》가 오랫동안 전해지게 하고자 하노라.[11]

● 이광호 번역: 《남명증도가》는 실로 선문의 중추이다. 그러므로 후학으로 참선하는 사람들이 이로 말미암아 당에 올라 오묘한 경지를 보지 않은 사람이 없다. 그렇다면 그것을 닫아 막아서 통하게 하지 않을 수 있겠는가? "그래서 공인들을 모아 주자본을 다시 새겨서 전함이 오래도록 하였다. 기해년 9월 상순 중서령 진양공 최이가 삼가 기록한다."[12]

● 안승준 번역: 지문의 내용은 크게 두 부분이다. 첫째, 《남명증도가》는 참선하는 후학이 오묘한 깨달음에 들어가는 길에 있어서 필수적인 책이라는 것

8 전 동국대학교 역경원 역경위원.
9 전 민족문화추진회 교열위원, 문화재전문위원을 역임하고 현재 안동국학진흥원 교수.
10 민족문화추진회 교열위원 역임, 김두찬 박사학위 논문에서 재인용(〈고려판 남명집의 구결연구〉, 단국대학교 대학원, 1987, p.9.).
11 전 동국대학교 역경원 역경위원.
12 연세대학교 철학과 명예교수.

이다. 그런데 이 책의 유통이 막혀서 참선하는 사람들이 통하지 못하고 후세에 전하지 못해서야 되겠는가, 하는 문제 제기 부분이다. 이른바 《남명증도가》의 중조 목적을 밝히는 부분이다. 둘째, 《남명증도가》의 발간 과정을 설명하는 부분이다. 지문의 문장 서술에 있어서 빠질 수 없는 부분이다. 해석은 다음과 같다. "이에 공인(각수, 장인 등)을 모집하여 주자본을 중조함으로써 오래도록 전하고자 한다."

여기서 중조란, 금속활자본이든 목판본이든 관계없이 주자본을 중조했다는 것으로 보는 것이 타당하다. 한문 문법상 굳이 목판본의 지문으로 단정할 아무런 이유가 없다.[13]

이상과 같이 전폭적으로 긍정적인 평가를 받았다. 사실 최이의 지문에 대한 재검토를 시작할 때만 해도 의견들이 어떠할지 예상할 수 없었다. 아마도 일찍부터 최이의 지문이 번각본에 붙어 있는 것이 알려져 마치 1239년 이전에 만들어진 금속활자본에서 번각한 것으로 생각했던 것이다. 그리고 우리나라가 1232년 강화로 천도하기 이전에 세계 최초로 금속활자를 발명했을 것으로 추정했던 것도 이 일과 깊은 관계를 맺고 있다고 생각된다.

더불어 최이의 지문이 한문이기 때문에 중국 학자들의 견해를 알고 싶었다. 이를 위해서 일본 동경대학교 아가와문고를 조사하면서 도움을 받은 동경대 박사과정에서 불교철학을 전공하고 있는 박현진에게 중국에서의 '어시모공 중조주자본' 해석을 부탁했다. 몇 달 후 다음과 같은 메일이 왔다.

원장님께서 문의하신 '어시모공 중조주자본'의 해석에 대한 문제로 후배 중국인에게 부탁을 했는데요. 그 후배가 중국에 가서 서지학을 연구하는 훌륭한 교수님께 문의를 해봤다고 합니다. 그 결과 다음과 같은 내용을 보내왔습니다. "박상국 선생의 해석을 지지하고 '雕'라는 한자는 목판본에 한정되

---

13 한국학중앙연구원 장서각 고문서연구실장.

지 않고, 주자본에도 사용한다. '어시모공 중조주자본'이라는 문장은 목판본에 대해 달리 언급하고 있지 않으므로 아마 '다시 주자본(금속활자본)으로 간행한다'는 것을 의미할 가능성이 크다"[14]라고 하였습니다.

이상에서 살펴본 바와 같이 한번 잘못된 일이 이렇게 오랫동안 한국의 금속활자 인쇄의 역사를 뒤흔들어놓을 줄 몰랐다. 아마 이번이 최이의 지문 해석에 대한 검토가 처음이었을 것이다. 한번도 진지하게 고민해보지 않았던 것이다. 최이의 지문에 대해 재해석을 시도한 결과 목판 번각본보다 주자본의 지문으로 해석할 수 있었다. 그동안 번각본 권말에 붙은 지문을 목판간행 지문으로 생각했던 것에 비하면 큰 변화이다.

이렇게 이정섭 선생을 비롯하여 여러 학자들의 해석을 종합해서 정리한 결과 최이의 지문은 금속활자 지문으로 주장할 수 있는 근거가 마련되었다.

이 지문에서 '중조주자본'이 의미하는 것은 '초조주자初彫鑄字'가 실패한 후 거듭 주조하여 완성한 주자본이라는 것이다. 그리고 현존 공인본을 살펴보면 아무리 초기의 금속활자본이라지만 상태가 좋지 않다. 이는 번각본일 수가 없다. 번각본에서는 이러한 허물을 그대로 판각하지 않는다. 고려시대 처음으로 주조한 것으로 주자 기술 미비로 많은 허물이 생겼을 것이다. 조선시대 금속활자본과는 큰 차이가 난다. 몇 번 거듭 금속활자 주조를 시도한 끝에 겨우 성공하여 책을 간행할 수 있었을 것이다. 그리고 '중조重彫'라는 단어는 주자를 위해 먼저 목판에 글자를 새기는 작업이 선행되고 다시 주조하는 과정을 거치기 때문에 어느 경우에라도 중조라는 단어에 구애될 필요가 없다. 특히 당시가 목판 인쇄시대라고 하여 목판인쇄 용어로 해석할 이유도 없다. '중조'라는 말은 다시 간행이라는 뜻이므로 이 단어에 구애

---

14 감사의 답장을 하면서 중국인 후배가 자문을 구한 교수님의 성함과 이메일의 내용을 전달받았으면 좋겠다고 했더니 다음과 같이 답이 왔다. "북경대학교 역사학과 출신으로 프린스턴대학교에서 박사학위를 받은 손영강孫英剛 선생님이고 현재 푸단대학교에 계신 듯합니다."

'중조주자본'은 '거듭 주자본(금속활자본)으로 간행한다'는 것을 의미한다.

될 필요는 없다. 그리고 송판宋版을 저본으로 삼아 다시 간행했다는 이야기도 될 수 있다. 이 지문의 핵심은 최이가 주자본《남명천화상송증도가》의 금속활자본 간행을 주도하였음을 밝힌 내용이다. 그동안 삼성출판박물관의《남명천화상송증도가》번각본이 먼저 세상에 알려지면서 최이의 지문이 마치 번각본의 간행발문처럼 이해되어왔던 것뿐이다.

그리고 무엇보다 당시 최고 권력자인 최이가 번각본에 지문을 쓸 명분이 있었을까? 최고 권력자가《남명천화상송증도가》의 보급과 전승을 위해서라면 명필에게 부탁하여 판하본을 새로 작성하여 반듯하게 새겨 간행하였을 것이다. 다시 말하지만 번각본은 당시 최고 권력자가 지문을 써줄 정도의 판본이 아니었다. 최이가 흥·허물을 모두 지닌 주자본을 저본으로 삼아 번각하고 지문을 써서 붙일 정도는 아니었다. 번각본에서는 저본의 허물을 수정해서 간행하기 때문에 더욱 그렇다. 최이가 지문을 써준 것은 최초로 금속활자를 발명하여 인쇄가 성공하였기 때문일 것이다.

당시는《초조대장경》이 불타버려 다시《대장경》을 판각해야 했던 시기였다. 이러한 시기에 전국 사찰의 각수는 모두《대장경》판각을 위해 남해로 징집되었다. 그런데 이 시기는 조계산 수선사를 중심으로 선종 붐이 일어나서 선종서적의 수요가 급증하였던 때로 금속활자가 탄생할 수 있는 기반이 마련되어 있었던 것으로 생각된다.

최이의 지문은 금속활자 지문일 수밖에 없고 처음 등장할 때 목판본에 부착되어 있었기 때문에 그동안 목판번각본 지문으로 착각했던 것이다. 물론 최이의 지문은 금속활자본을 번각하면서 얼마든지 붙일 수 있어 현재 4종의 고려본 번각에는 모두 수록되어 있다.

공인본《남명천화상송증도가》와 삼성본(보물 제758-1호)은 권말에 최이의 지문이 붙어 있고 상태가 비슷하다 하여 동일한 목판본이라 판단하여 2012년 동일한 번호(보물 제758-2호)로 보물 지정되었다. 그러나 번각본의 지문으로 생각했던 최이의 지문은 금속활자 지문으로 밝혀졌고 공인본은 금속활자를 발명하고 난 뒤 처음으로 간행한 금속활자본의 특징을 지니고 있었다.

첫 번째 금속활자의 주조가 실패한 후 겨우 금속활자를 주조하여 성공하자 최이가 이를 기념하여 지문을 써준 것이다.

왜 공인본은 목판본으로 잘못 판명되었나
- 문화재위원회 회의록을 중심으로

• 2012년 제3차 동산문화재 분과위원회 회의자료[15]

2012년 제3차 동산문화재 분과위원회 회의록에 공인본《남명천화상송증도가》를 지정할 때의 조사 보고서가 실려 있다.

이 회의자료 첫머리의 검토 의견에, "이 판본은 본문의 자면字面과 변란의 마멸 상태, 글자의 굵기, 각수명의 표기 등을 종합적으로 비교해보면, 보물 제758호와 같이 최이의 주관 하에 1239년(고종 26)에 주자본을 번각한 책판에서 찍어낸 후쇄본으로 판단된다.《남명천화상송증도가》는 권말에 수록된 최이의 지문에 '모공 중조주자본募工 重彫鑄字本(각공을 모집하여 주자본을 다시 새겼다)'이라는 언급으로, "고려시대 금속활자의 시원始原이 적어도 1239년 이전이라는 점을 입증하는 근거가 된다는 점에서 과학 기술사와 서지학 연구의 중요한 자료가 된다"라고 수록되어 있다.

3인의 보고서에서 핵심 내용은 다음과 같다.

보고서 ①

보물 제758호와 같이 최이가 주관하여 1239년에 주자본을 번각한 책판에서 찍어낸 후쇄본으로 판단된다.

본 지정 조사 대상본의 권말에는 최이가 1239년에 쓴 다음과 같은 후지後識가 실려 있다.

《남명증도가》는 선가에서 매우 중요한 서적이다. 그러므로 후학 가운데 참선을 배우려는 사람들은 누구나 이 책을 통해서 입문入門하고 높은 경지에 이른다. 그런데도 이 책이 전래가 끊겨서 유통되지 않고 있으니 옳지 않은 일이다. 그래서 각공을 모집하여 주자본을 바탕으로 다시 판각하여 길이 전하게 한다.

공인본은 삼성본과 동일한 목판본이 아니다. 공인본은 초기 금속활자본의 특징을 지니고 있다.

---

15 2012년 제3차 동산문화재 분과위원회 회의록(6.14.), 안건번호 동산 2012-03-003.

때는 기해년(1239) 9월 상순이다. 중서령 진양공 최이는 삼가 적는다.

夫南明證道歌者 實禪門之樞要也 故後學參禪之流 莫不由斯而入升堂覩娛矣 然則 其可閉塞而不傳通

乎 於是 募工重彫鑄字本 以壽其傳焉 時己亥九月上旬 中書令 晉陽公 崔怡謹誌

위 인용문은 1239년보다 앞선 시기에 《남명천화상송증도가》를 활자로 인쇄한 바 있음을 보여준다.

보고서 ②

조사본 《남명천화상송증도가》는 고려 고종 26년(1239)에 진양공 최이가 주자본을 번각한 목판본으로 보물 제758호로 지정된 판본과 동일한 판본이나, 다만 보물 제758호보다는 후쇄본으로 추정될 뿐이다.

보고서 ③

《남명천화상송증도가》는 1239년에 당시 최고의 권력자인 최이에 의하여 주자본을 번각하여 간행한 목판본이다. 권말에 수록된 최이의 지문에 의하면 "선문에서 으뜸으로 요구되는 책으로 후학들이 참선하는 데 의거하지 않으면 안 되었는데 그 전래가 끊겨 유통되지 않기 때문에 각공을 모집하여 주자본을 거듭 새겨냄으로써 오래도록 전래될 수 있게 하고자 한다"라는 간행 동기를 밝혔다.

이상과 같이 공인본 지정 조사 보고서의 내용은 《남명천화상송증도가》를 3인 모두가 금속활자를 번각한 목판본이자, 삼성본과 동일본으로 보았다. 그리고 최이의 지문은 번각본 간행 발문처럼 생각했다.

• 2017년 제3차 동산문화재 분과위원회 회의자료[16]

대구 개인본 《남명천화상송증도가》에 대한 국가지정문화재(보물) 지정 신청(2013.04.29.)이 있어 관계 전문가의 조사(2015.08.25.)를 실시하고 본 위원회 검토사항으로 부의하였다. 회의자료 첫머리의 검토의견에 고려 고종 26년 (1239) 주자본을 번각하여 간행한 판목에서 인출한 후쇄본임이 확인된 것이다. 고종 26년 주자본을 번각하여 간행한 후인본이지만 우리나라 주자 인쇄 시기와 성격을 파악할 수 있는 현존 자료 중에서 가장 앞선 것이라는 점에서 그 의의가 매우 크다. 그러나 발문이 훼손되었다는 점에서 지정은 무기한 보류하는 것이 합당하다고 판단된다.

보고서 ①

이 책은 국가문화재 지정본과 같은 판본들인 보물 제758-1호 삼성본(1984.05. 30. 지정)과 보물 제758-2호(2012.06.29. 지정) 공인본과 같은 판에서 인출된 것으로 보인다. 다만 면밀한 대조를 통해서 검토한 결과 각기 인출 시기의 선후가 발견될 뿐이다. 특히 삼성본의 다음으로 이른 시기에 인출된 것으로 보이는 이 책은 금속활자 인쇄사 연구의 자료라는 점에서 귀중한 가치를 지닌다. 따라서 국가문화재로 지정하는 데 문제가 없어 보인다.

보고서 ②

여러 정황으로 보아 그 금속활자본은 강화도로 천도하던 고종 19년(1232) 이전에 개경에서 간행된 것으로 보는 것이 타당하다고 하겠다.

개인 소장의 이 책은 고종 26년(1239)에 주자본을 번각하여 간행한 목판본이며, 인쇄 시기는 15세기로 추정된다. 현재 국내에 공개되어 전하는 동일한 판본으로는 삼성본의 보물 제758-1호, 공인본의 보물 제758-2호 등 모두 4~5부가 있다. 이렇게 이 책은 우리나라 금속활자 인쇄 시기와 성격을 파악할 수 있는 현존 자료 중에서 가장 앞선 것이라는 점에서 그 의의가 매우 크므로 국가문화재로 지정하여 보존할 가치가 있다.

그러나 이 책은 문화재 지정을 위한 신청 과정에서 고의적으로 발문을 훼손

---

16 2017년 제3차 동산문화재 분과위원회 회의록, 안건번호 동산 2017-03-005.

한 사실이 최근 학계에 공개되었다. 이렇게 문화재가 훼손되었다면 지정은 무기한 보류하는 것이 합당할 것으로 판단된다.

보고서 ③

각공을 모집하여 주자본을 바탕으로 다시 판각하여 길이 전하게 한다. 이 같은 사실은 1239년보다 앞선 시기에 《남명천화상송증도가》를 활자로 인쇄한 바 있음을 보여주는 내용으로 한국의 금속활자 연구에 매우 중요한 내용으로 평가되고 있다.

다만 권말에 김수온이 1472년에 쓴 인경발문이 붙어 있었는데 제거되었으므로 지정이 부결되었다. 모두 3장으로 1434년(조선 세종 16) 주조하여 만든 갑인자甲寅字의 작은 자小字를 사용하였다.

• 문화재위원회 회의록 검토

문화재위원회는 문화재 분야에서 수많은 국보와 보물을 창출해낸 기구이다. 우리나라에 수없이 많은 자문위원회 가운데 유일하게 결정권을 지닌 권위의 상징이기도 하다. 필자 역시 문화재위원 출신이기에 위원회의 결정은 모두 타당한 것으로 믿어 의심치 않았다. 그런데 근래에 다시 문화재위원회 회의록을 검토하는 과정에서 판단을 잘못한 사례가 발견되었다.

첫 단추는 1984년에 삼성본 《남명천화상송증도가》가 보물로 지정되면서 금속활자본의 특성을 지니고 있는 번각본이고, 특히 권말에 붙은 최이의 지문에 '중조주자본'이란 내용이 수록되어 있어 고려시대 금속활자를 연구하는 데 중요한 자료로 널리 알려지게 되었다. 그런데 삼성본은 고려본의 형태를 지닌 번각본이었기에 최이의 지문은 목판으로 번각할 때의 간행발문으로 이해하였다.

2012년 동산문화재 분과위원회에서, 공인본은 삼성본과 동일한 목판본으로 보고 동일한 번호로 지정했다. 즉 공인본을 삼성본과 마찬가지로 권말에 붙어 있는 1239년에 최이가 쓴 지문을 변함없이 주자본에서 목판으로 번각할 때의 지문으로 이해했던 것이다. 최이의 지문 탓으로 공인본은 삼성본과 동일본으로 판정되어 공인본에 획이 끊어지거나 탈락된 현상 모두를 나뭇결이 나타나는 번각본의 후쇄본이라고 잘못 판단한 것이다. 이렇게 최이의 지문은 마치 번각본의 간행 발문처럼 오도된 지 오래되었다. 그러나 최이가 쓴 지문은 금속활자 지문이었다.

2017년 동산문화재 분과위원회 제3차 회의에서 대구 개인본의 지정을 위한 심의가 있었다. 그런데 이 책은 권말에 1472년의 김수온 발문이 부착되었던 것을 고의로 제거하였음이 알려지면서 문화재 지정에서 보류되었다. 비록 지정은 보류되었지만 《남명천화상송증도가》의 여러 판본의 가치를 규명하는 데 있어서는 상당히 큰 의미를 가진 것으로 위원들은 인식했다.

특히 회의자료 검토 의견에서 대구 개인본은 현존 자료 중에 가장 앞선 판본이라 하였다. 그리고 검토 의견 이 책은 현존 자료 가운데 간행 연대(1472)가 확실한 판본으로 자리매김되어 앞으로 관련 판본의 연대 감정에도 기준이 될 것이다. 이외에 대구의 스님 소장본이 현재 문화재 지정 절차를 밟고 있다. 모두 최이의 지문이 붙어 있어 동일본으로 분류되고 있지만, 각각 다른 판본이다.

최이의 지문은 번각본과는 관계없고, 금속활자 지문이었다. 그동안 최이의 지문이 붙어 있다고 하여 동일한 판본으로 알려졌던 공인본(A)을 비롯하여 삼성본(B), 대구 개인 소장본(C), 대구 고故 종진스님 소장본(D) 등 4종의 실태를 살펴보면, 동일본이 아니라는 것을 단번에 알 수 있다.

무엇보다 공인본은 금속활자본의 특징을 보여주고 나머지 판본은 공인본을 번각한 판본이지만, 그 역시 번각 시기나 장소가 다르고 각수도 각각 다른 것으로 판단된다. 그중 대구의 스님 소장본은 가장 먼저 번각한 판본으로 추정되고 판각 솜씨도 뛰어나다.

공인본, 삼성본, 대구 개인본, 대구 스님본은 동일본이 아니다. 공인본만 금속활자본이며 나머지는 공인본을 번각한 판본이다.

• 4종 판본(A, B, C, D)은 각기 다른 판본이다

A(공인본)는 금속활자본이다. 획이 끊어지거나 일부 탈락된 것은 주조과정에서 기술이 부족하여 생긴 것이다. B, C, D는 평평한 목판에 새긴 것으로 모두 각 획에 농담이 없이 골고루 인쇄되었고, 공인본을 저본으로 번각한 판본이다.

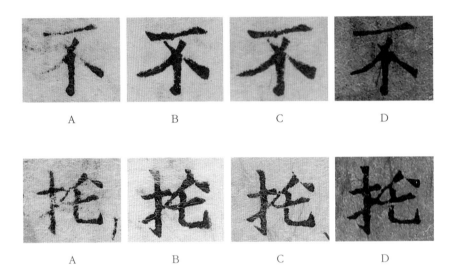

| A | B | C | D |

| A | B | C | D |

이 책에서는 편의상 공인본을 A, 삼성본을 B, 대구 개인본을 C, 대구 스님본을 D로 표기하였다.

D본은 A본(금속활자본)을 13세기 말에서 14세기 초에 가장 먼저 번각한 판본으로 추정된다.

3a 2–5
2b 8–14

공인본(A)은 삼성본(B)과 동일본이 아니다

공인본은 2012년 동산문화재 분과위원회에서 삼성본과 동일한 목판본으로 보고 동일한 번호로 지정되었다. 이 책에서는 보물로 지정된 문화재인 공인본과 삼성본이 동일본이 아님을 밝히고자 한다. 먼저 첫째 장과 마지막 장을 비교해본다. 그다음에는 책을 펼치면 가장 눈에 잘 띄는 광곽을 중심으로 그 주변 글자를 살펴보겠다.

• 첫째 장과 마지막 장의 비교

이 책의 첫째 장과 마지막 장을 비교해보면 38~41쪽과 같이 서로 다른 판본이라는 것을 알 수 있다. 그동안 최이의 지문에 대한 오해로 동일본으로 잘못 이해하였다.

첫째 장에서도 금속활자본(A)
과 목판본(B)으로 뚜렷한 차이
를 보이고 있다.

A(금속활자본)

南明泉和尚頌證道歌一部　并序

我聞如來善護念諸菩薩以心善付囑

諸菩薩以法心之所示言所不能該法

之所傳意所不能盡即言即意皆諸妄

想離言意者亦復如是不即不離種種

平等不隨於無不麗於有言意兩忘而

心法得矣夫法本無爲對境而立心非

有相隨物而現故前際不來後際不去

B(목판본)

남명천화상송증도가

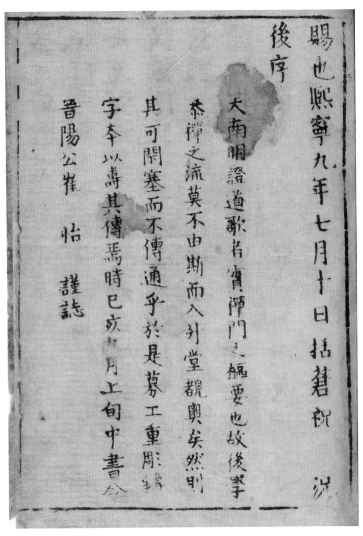

A(금속활자본)

최이의 지문을 보면, 광곽 크기는 같은데 글자 크기가 눈에 띄게 다르다.

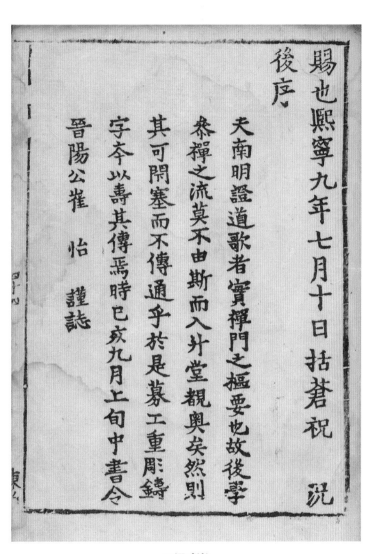

夫南明證道歌者實禪門之樞要也故後學
參禪之流莫不由斯而入升堂覩奧矣然則
其可閉塞而不傳通乎於是募工重彫鑄
字本以壽其傳焉時己亥九月上旬中書令
晉陽公崔　怡　謹誌

賜也熙寧九年七月十日括蒼祝　況
後序

B(목판본)

남명천화상송증도가

A(금속활자본)   B(목판본)

권수제만 보아도 동일한 판본이 아님을 알 수 있다. A는 금속활자본, B는 목판본.

최이의 지문 – 금속활자본(A)과 목판본(B)

공인본(A)은 금속활자의 특징이 잘 나타나 있다. 주조 기술의 미비로 야기된 획의 뭉침이나 탈락이 많다. 특히 글자마다 균등하게 주조되지 못해 농담의 차이가 많이 난다. 삼성본(B)은 판면이 평평한 목판에서 간행한 것이므로 농담의 차이가 없다. 다만 할렬이 많이 보인다.

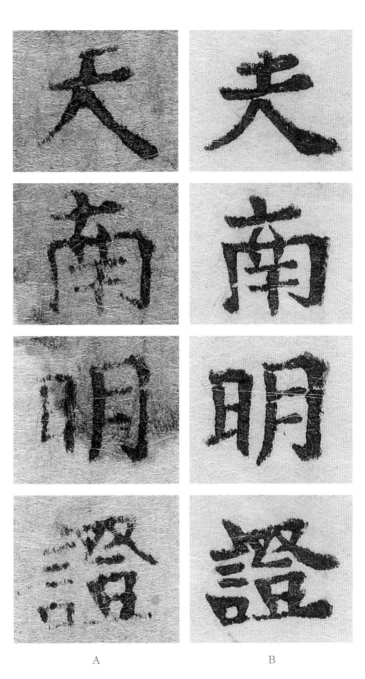

A   B

南明泉和尙頌證道歌

A   B

금속활자본(A)과 목판본(B)의
차이를 잘 보여준다.

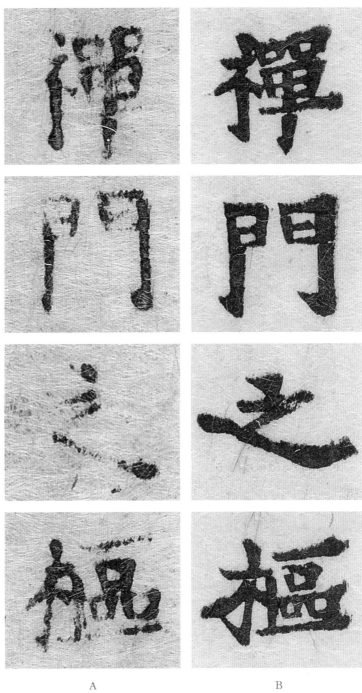

A   B

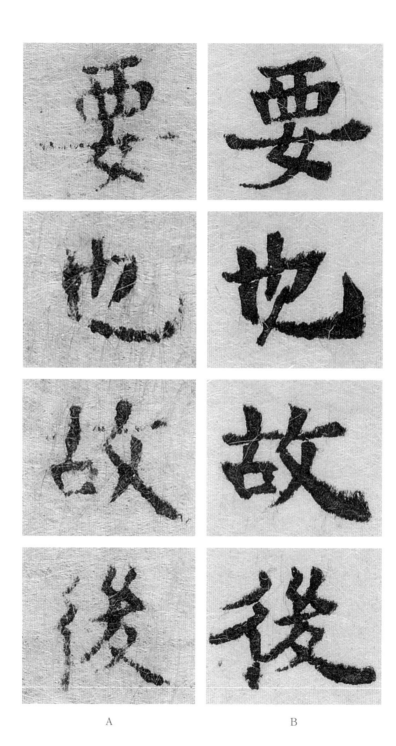

A   B

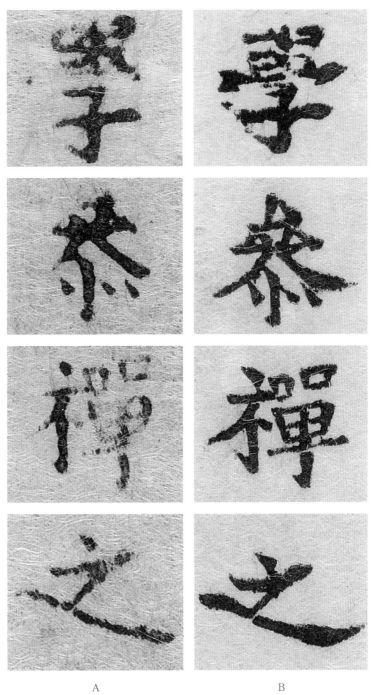

A   B

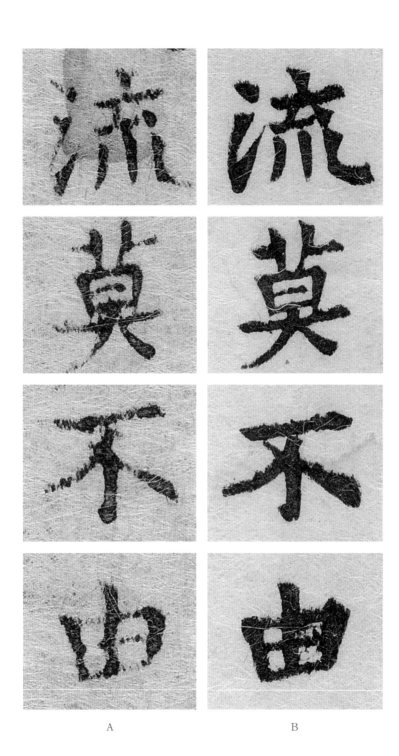

A   B

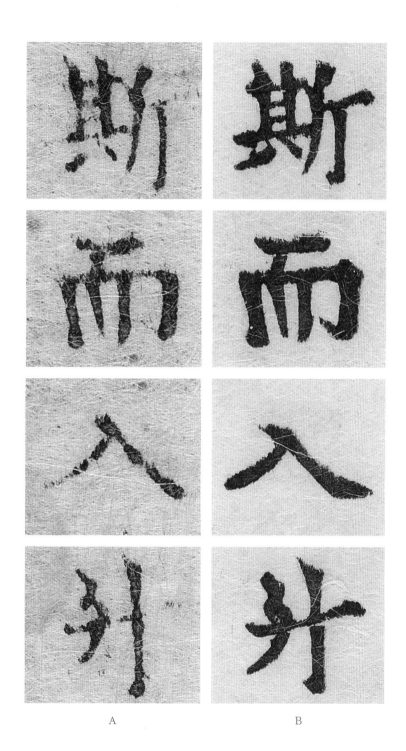

A

B

南明泉和尚頌證道歌

A   B

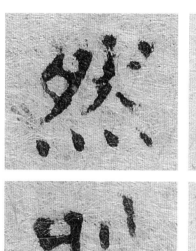

A   B

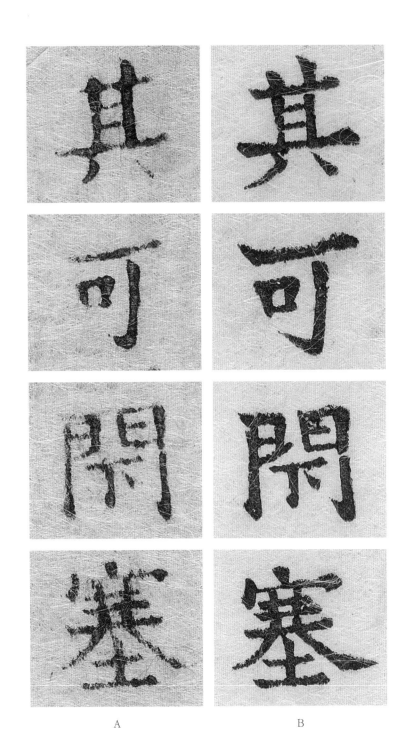

A   B

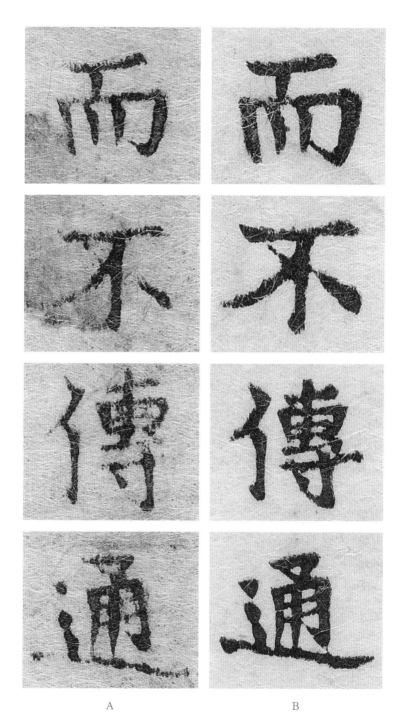

A   B

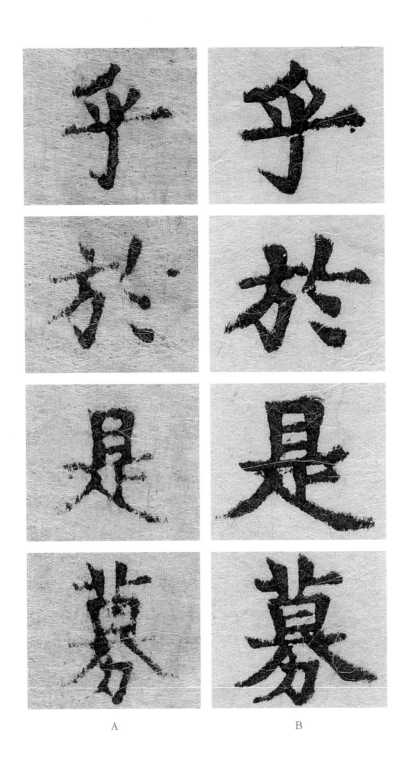

A   B

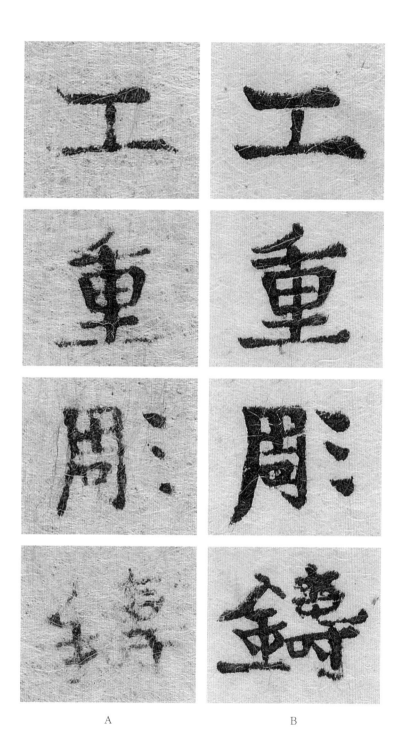

A   B

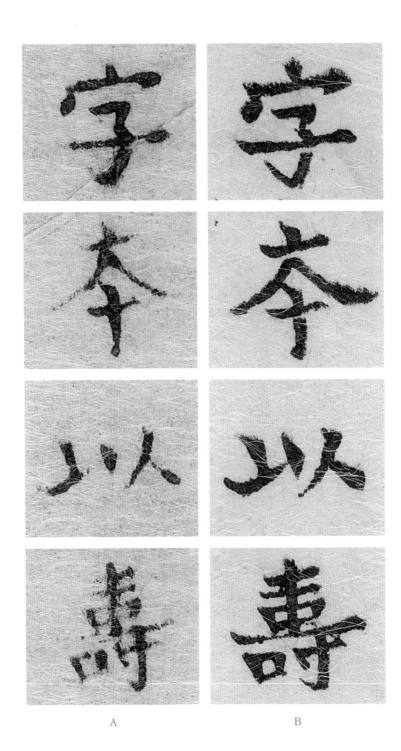

A   B

A   B

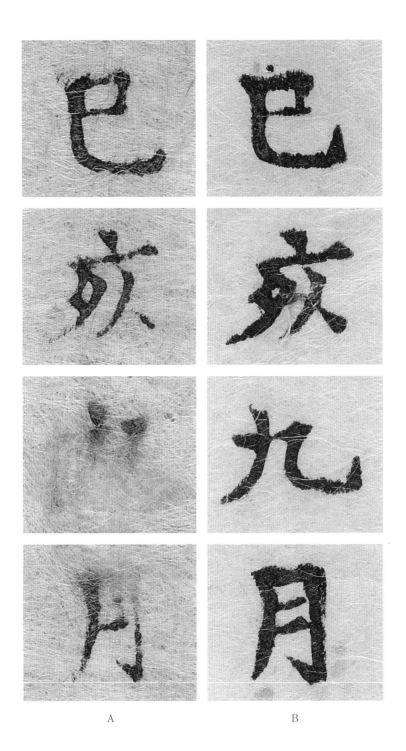

A   B

기해 9월 상순 중서령 진양공
최이근지己亥 九月上旬 中書令 晉陽
公 崔怡謹誌.

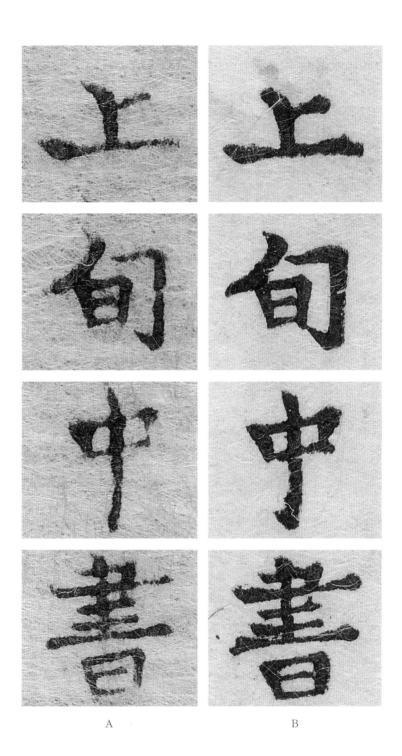

A   B

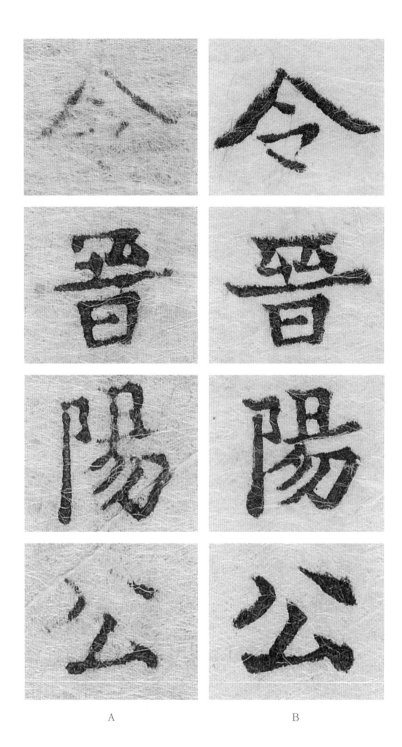

A   B

A   B

• 광곽匡郭과 주변 글자

공인본은 번각본이 아니다. 삼성본과 집중적으로 비교하면서 동일한 번각본이 아니라는 것을 밝히고자 한다. 공인본(보물 제758-2호)은 삼성본(보물 제758-1호)과 동일본이 아니라는 것을 찾는 데는 광곽과 주변 글자를 비교하여 살피는 게 가장 효율적이다. 광곽은 무엇보다 눈에 가장 잘 띄기 때문에 광곽을 중심으로 주변의 글자를 함께 비교하는 방법으로 각기 다른 판본임을 밝히고자 한다.

첫 페이지(제1장)부터 비교해 보겠다. 63쪽의 빨간 동그라미로 표시된 두 번째 부분을 보면 계선이 떨어져 나간 부분까지 두 판본이 비슷하게 보인다. 그리고 왼쪽 광곽 상단과 하단의 동그라미로 표시되어 있는 부분이 A, B 모두 비슷하게 보인다. '상相'자와 아래쪽 계선의 끊긴 부분은 매우 특이하여 눈에 잘 띈다. 그래서 동일본의 특징처럼 생각되지만, 조금 확대해 보면 전혀 다른 판본이다. 오른쪽 상단의 광곽과 그 아래 결락된 부분, 첫 번째 글자가 전혀 다른 판본이라는 것을 증명해준다.

충북대학교 목재종이학과 최태호 교수가 광곽의 목리문에 대한 존재 여부를 조사하여 삼성본과 공인본이 동일한 판본이 아님을 과학적으로 밝혀주었다. 다시 말하면 공인본은 금속활자본이기 때문에 삼성본의 빈번한 할렬이나 목리문이 나타나지 않는다. 삼성본은 금속활자본을 번각한 목판본이지만, 공인본은 삼성본과 동일한 목판본이 아니고 금속활자본이라는 이야기다. 이를 위해서 최 교수는 디지털 사진 이미지와 적외선 카메라와 마이크로스코프 등 분석장치를 활용하여 목재조직학을 통한 판별법으로 다음과 같이 분석해 주었다.

"삼성본의 분석 결과 사주에서 목리문 및 할렬이 빈번히 관찰되었고, 자획 상에서도 목리문, 할렬 및 탈락 등의 목재조직학적 특징들이 잘 나타나 목판본임을 확인할 수 있었다. 사주의 할렬은 좌우변 사주에서 빈번하였으며, 사주에서의 목리문은 폭이 넓은 사주에서 관찰되었다. 자획상의 목리문, 할렬 및 탈락은 목재의 조직이 연하고 수축과 팽창이 큰 변재부에 해당되는 인

광곽이란 인쇄된 책자의 먹선 테두리를 말한다. 공인본과 삼성본은 얼핏 보면 광곽이 비슷해 보이지만, 확대해서 자세히 살펴보면 전혀 다른 광곽의 특징을 보인다.

할렬은 목리를 따라 발생하는 파괴를 말한다. 목판본에서 보이는 특징이다.

빨간 동그라미 부분을 확대해 보면 전혀 다른 판본임을 알 수 있다.

A

B

쇄면의 상하부에서 주로 관찰되었다. 공인본의 분석 결과 좌우 사주에서 목판본의 할렬과 유사한 흠이 다소 관찰되었으나, 자획 상에서는 목판본의 특징이라 할 수 있는 목리문, 할렬 및 탈락이 관찰되지 않아 목판본인 삼성본과 다른 인쇄 특징을 나타냈다."[17]

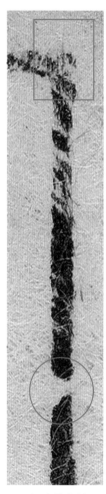

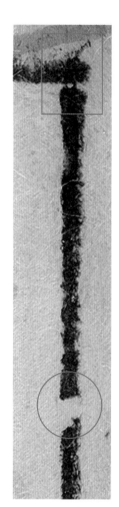

A(금속활자본)   B(목판본)

---

17 최태호, 〈목재조직학적 측면에서 본 《남명천화상송증도가》 목판본의 특징〉, 《남명천화상송증도가 연구》, 2015. 3. 21., pp.55~71.

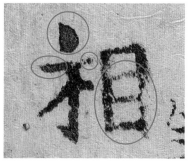

A(금속활자본)   B(목판본)

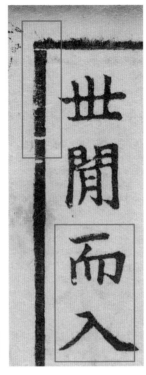

A(금속활자본)　　　　B(목판본)

제2장

A, B는 모서리도 각기 다른
모습을 갖고 있다.

A   B

A(금속활자본)   B(목판본)

남명천화상송증도가

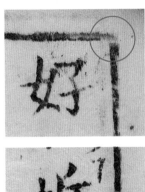

A(금속활자본)   B(목판본)

공인본 A에서 보이지 않는
할렬이 B에서는 관찰된다.

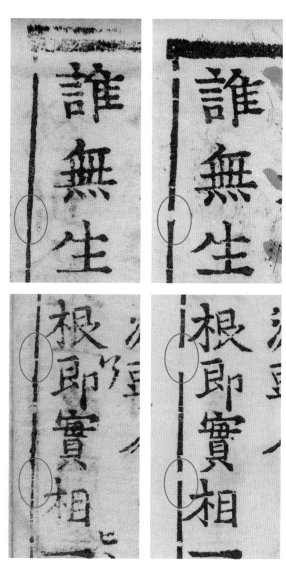

제5장

A(금속활자본)   B(목판본)

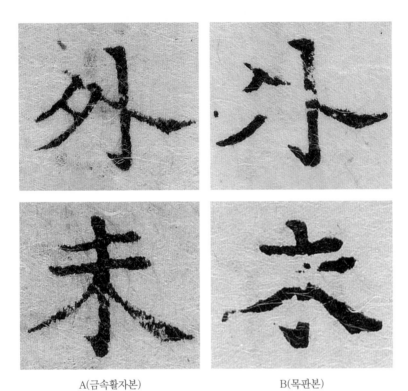

A(금속활자본)   B(목판본)

삼성본(B)을 보면 자획이 탈락되어 있다.

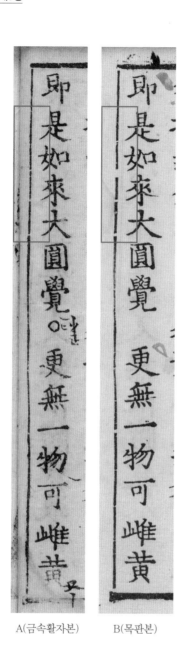

제6장

A(금속활자본)   B(목판본)   A(금속활자본)   B(목판본)

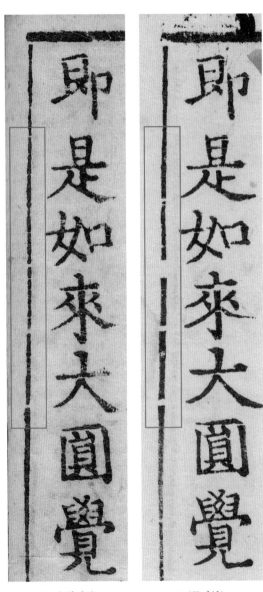

A(금속활자본) B(목판본)

A(금속활자본)　　　　　B(목판본)

A(금속활자본)　　　　　　B(목판본)

금속활자본(A)은 깨끗하지만,
목판본(B)은 할렬이 보인다.

74

제17장

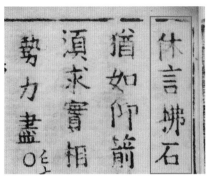

A(금속활자본)　　　　　　　　　B(목판본)

A(금속활자본)　　　　　　　　　B(목판본)

남명천화상송증도가

A(금속활자본) B(목판본)

인쇄 상태가 후쇄본으로 보이지만, 미숙한 기술로 주조한 금속활자로 찍은 초창기 활자본이다. 후쇄본이라면 획이 가늘어지지 않고 오히려 두꺼워진다.

공인본(A)은 삼성본(B)과 동일
본이 아니고, 후쇄본도 아님
을 알 수 있다.

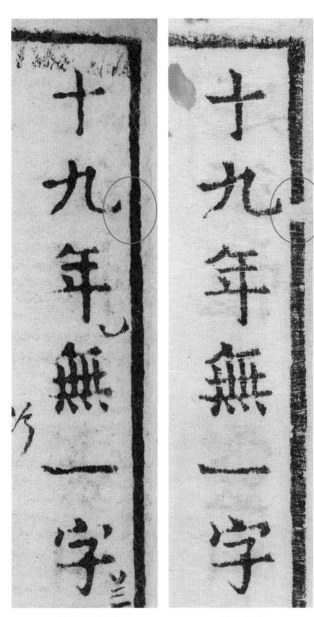

A(금속활자본)   B(목판본)

제38장

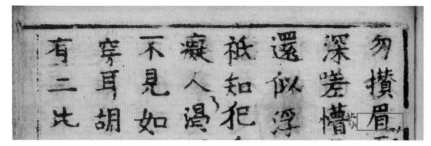

A(금속활자본)

有二比 穿耳胡 不見如 癡人渴 祇知犯 還似浮 深嗟懵 勿攢眉

B(목판본)

有二比 穿耳胡 不見如 癡人渴 祇知犯 還似浮 深嗟懵 勿攢眉

광곽 결락의 위치나 크기도 다르다.

A(금속활자본)

B(목판본)

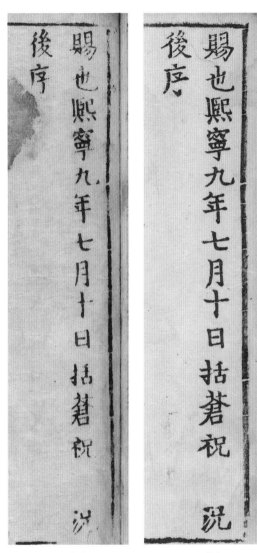

A(금속활자본)   B(목판본)

A(금속활자본)

B(목판본)

A(금속활자본)

B(목판본)

마지막 장의 광곽과 글자는 크기와 굵기 등이 A, B 모두 다르다. A에는 초창기의 주조 미비로 불량활자의 흔적이 보이나 B에는 목결이 보인다. 특히 글자 크기부터 크게 다르다.

3장

공인본 《남명증도가》는
최초의 금속활자본

목판본에서는 볼 수 없는 금속활자의 특징은 다음과 같이 정리된다. 즉, 너덜이, 획의 탈락, 보사, 활자의 움직임, 뒤집힌 글자, 활자의 높낮이에 의한 농담의 차이 등이다.

삼성본과 같은 목판본은 먼저 판면을 평평히 다듬고 난 뒤에 글자를 새기기 때문에 모든 글자가 균등하게 인쇄되어 있다. 반면에 공인본은 주조 과정에서 생긴 쇠 부스러기 같은 너덜이가 나타나기도 하고, 심지어 활자가 거꾸로 식자된 경우도 있다. 글자 획의 굵기와 높낮이가 달라 농담에 차이가 나는 경우도 많다. 또한 활자의 획이 내려앉아 어떤 획은 인쇄되지 않은 경우도 있으며, 활자 표면은 평평하게 잘 주조된 것이라 해도 심어놓은 직육면체 활자들이 조금씩 위아래, 또는 좌우로 기울어져 상하좌우에 농담 차가 생기는 경우도 많다.

이 3장은 공인본(A)에 있는 초창기 금속활자본의 특징을 목판본인 삼성본(B)과 비교하면서 정리한 것이다.

보물 제587-1과 보물 제587-2는 동일본이 아니다

공인본(A)에서 흔히 발견되는 너덜이, 농담 등은 초창기 금속 활자본에서 보이는 특징이다.

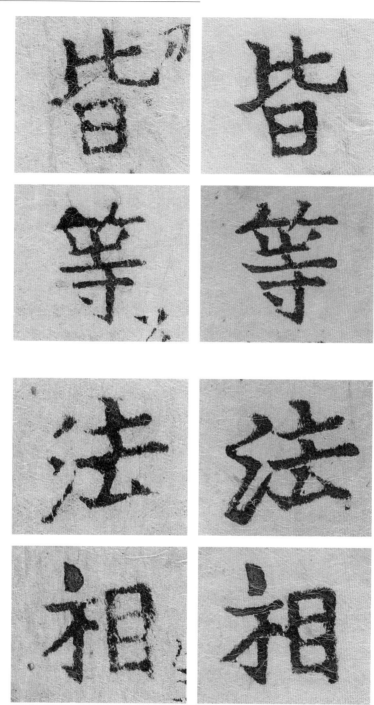

A   B

1a 4–13
1a 6–2
1a 7–2
1a 8–2

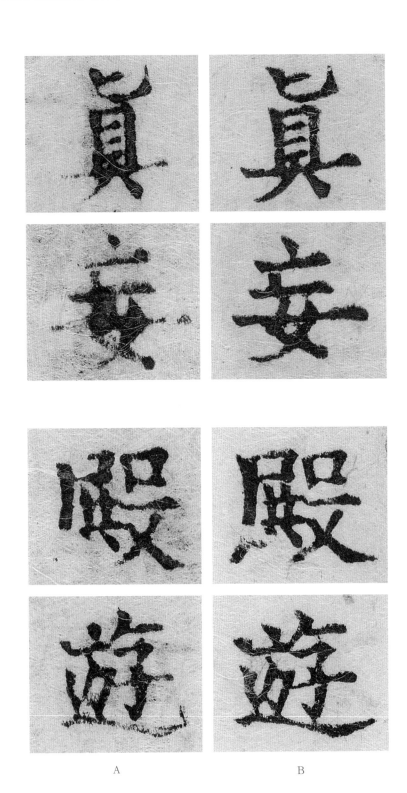

A   B

3a 2-7
3a 2-8
9a 1-6
9a 4-4

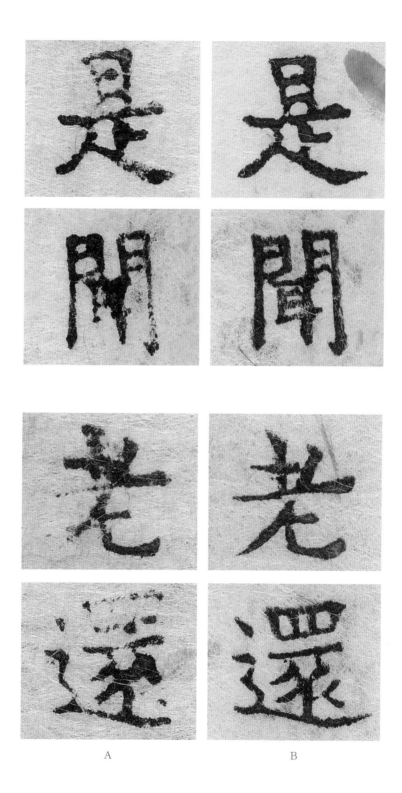

A   B

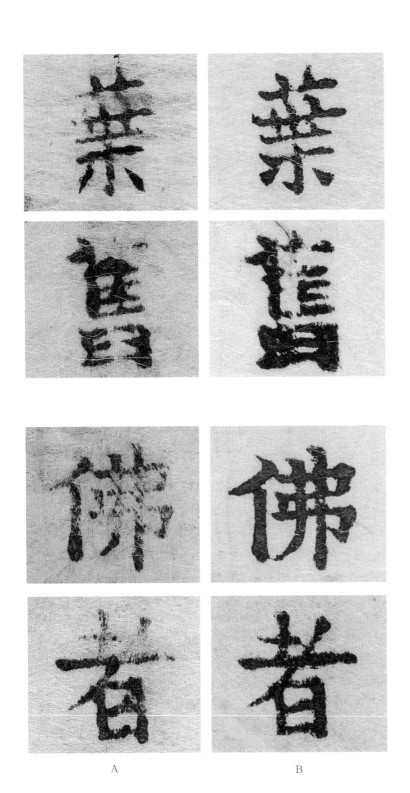

A   B

28a 6-4
32b 3-11
40a 8-10
42b 8-2

너덜이

공인본에는 초창기 금속활자본의 특징을 많이 찾을 수 있다. 공인본에는 초창기 금속활자본의 특징을 많이 찾을 수 있다. 그 가운데서도 쇠똥 같은 너덜이가 많이 보인다. 이러한 너덜이는 초창기의 미숙한 금속활자 주조과정에서 생긴 현상으로 보인다. 이러한 현상은 목판본에서는 있을 수 없는 글자들이다.

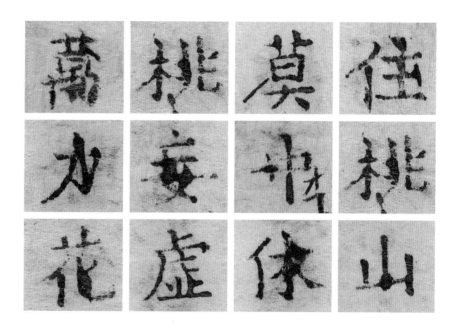

23b 5–12, 16b 2–12, 14b 7–3, 16a 2–1
27a 6–7, 3a 2–9, 5a 8–4, 16b 2–12
16b 2–13, 7a 6–5, 21b 5–3, 27b 8–6

너덜이 비교

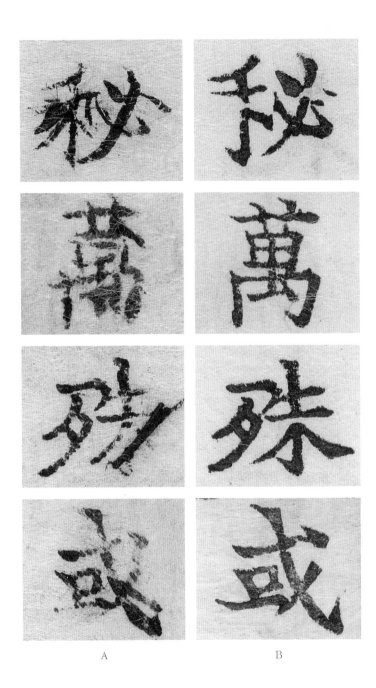

A   B

12b 2-6
20a 8-8
34b 5-4
43a 1-1

공인본(A)은 너덜이가 매우 많
다. 게다가 농담의 차이도 심
하다.

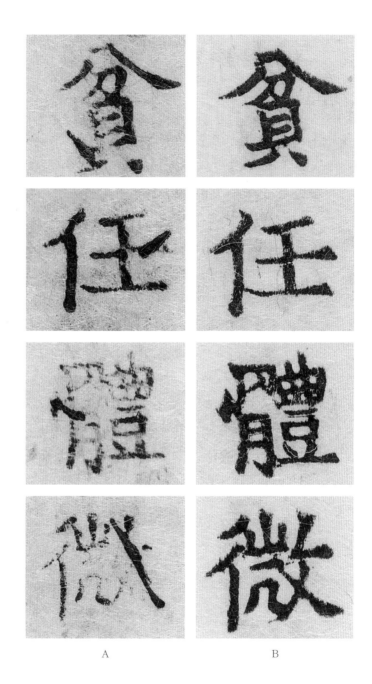

A   B

4a 2–14
7a 6–5
8a 5–2
13a 4–11

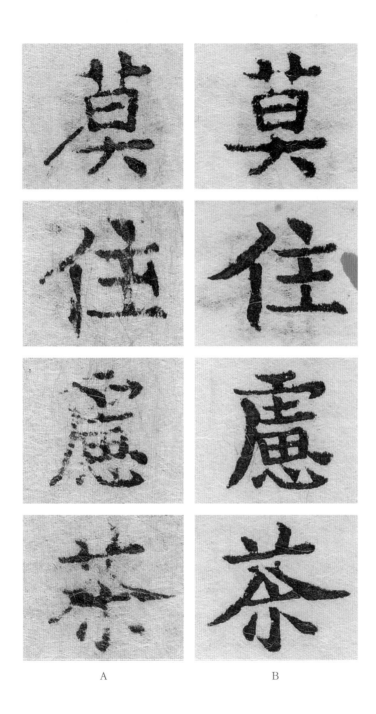

A   B

14b 7–3
16a 2–1
16a 4–14
16a 6–15

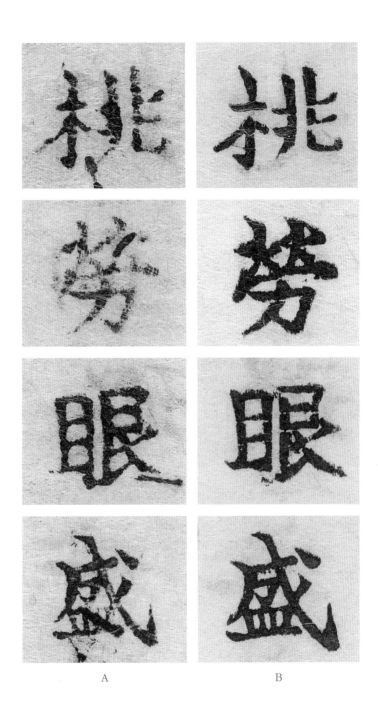

A   B

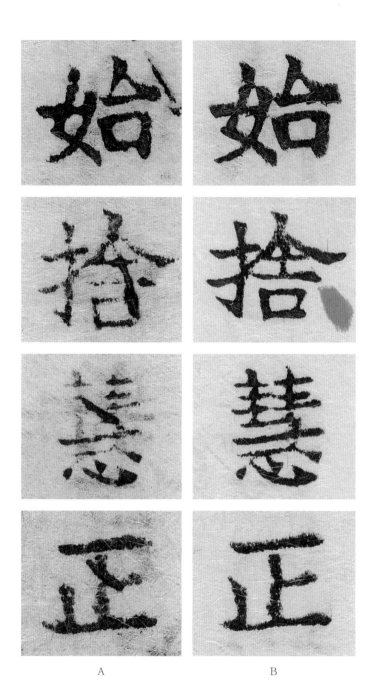

A

B

21a 3–7
21b 2–1
22b 8–2
22b 8–13

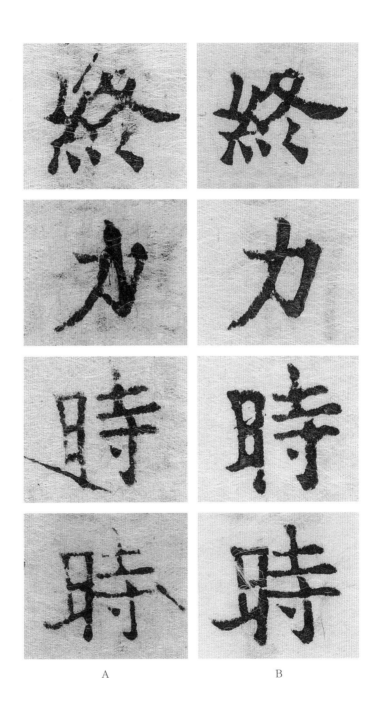

A   B

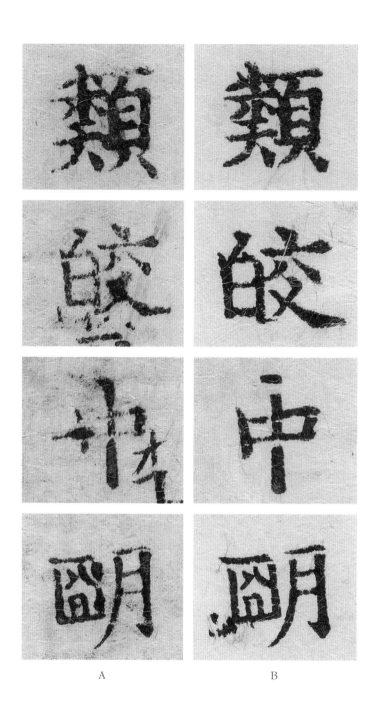

A   B

4a 7–5
5a 4–8
5a 8–4
5b 4–4

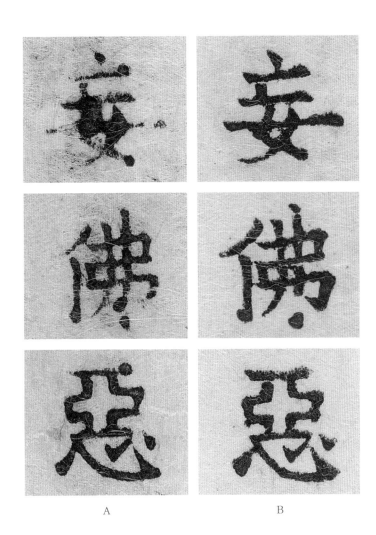

A　　　　　　　　B

3a 2–9
3b 2–7
4a 4–12

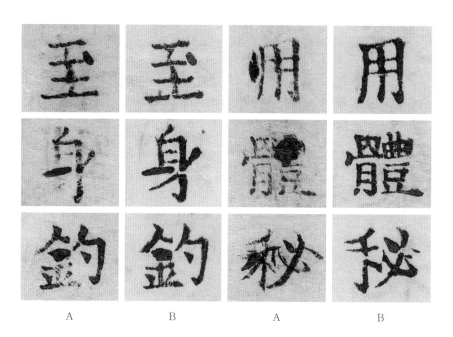

A B A B

7b 6–9, 8a 2–4
9b 8–3, 10b 2–10
12a 1–8, 12b 2–6

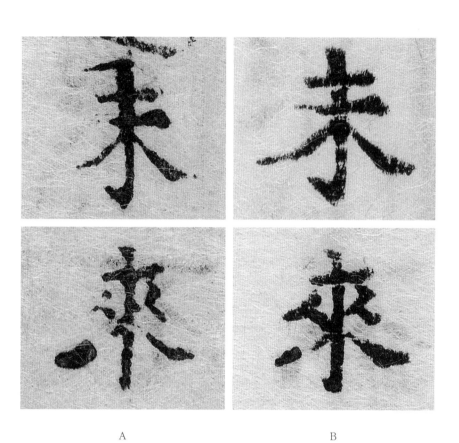

A   B

13a 1–6
14a 5–14

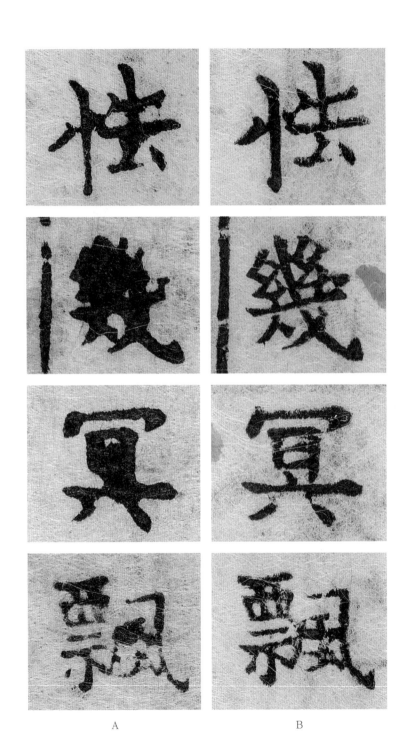

A   B

15a 1–5
15a 8–1
15b 3–1
15b 3–8

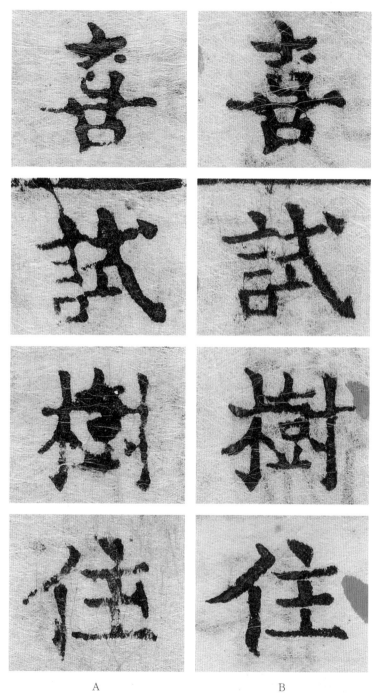

A
B

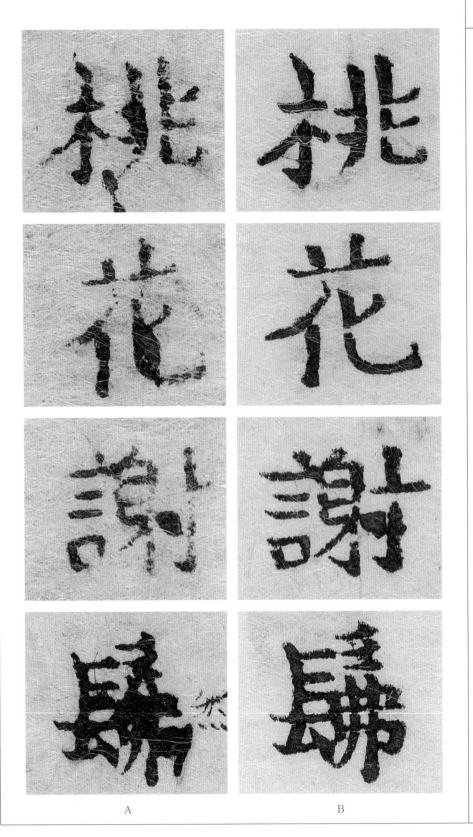

공인본(A)은 너덜이도 있고
농담의 차이가 많이 나는 데
비해서 삼성본(B)에는 이런
것이 없다.

A   B

16b 2-12
16b 2-13
16b 2-15
18a 3-7

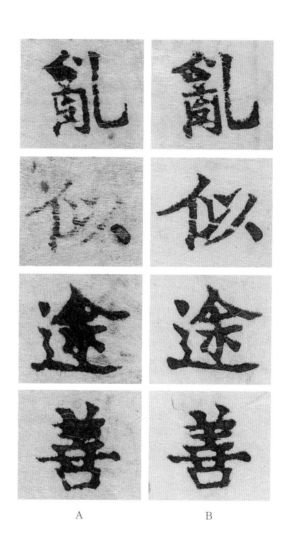

A   B

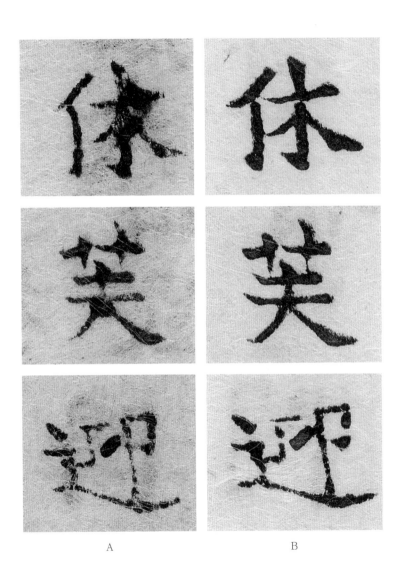

A   B

21b 5-3
21b 7-13
22b 3-10

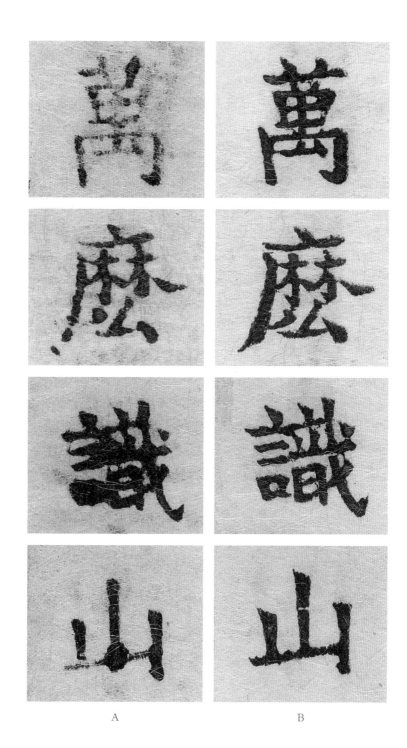

A   B

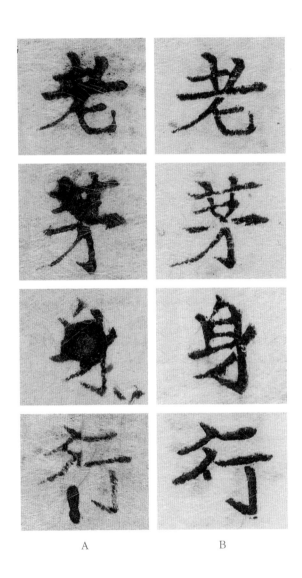

A　　　　　B

29a 7–5
29a 7–8
32b 8–12
33a 5–11

A   B

34a 5–1
36b 3–10
37a 8–2

획劃의 탈락

공인본에는 글자의 한 부분이 내려앉아 획이 탈락되거나, 획이 끊긴 모습을
보이는 등 획의 일부가 찍히지 않는 글자가 많다.

4a 1–12, 4b 2–2
7a 2–6, 9a 1–5
9a 1–6, 11b 6–5
13b 2–1, 14a 3–8

공인본에서는 획이 탈락된 불완전한 글자를 쉽게 찾아 볼 수 있다.

14a 3-13, 14a 4-13
14a 5-13, 14a 5-14

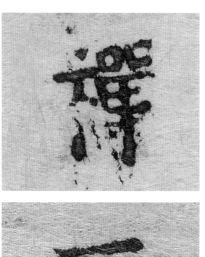

14a 8–3, 14a 8–5
14b 1–9, 17a 4–12

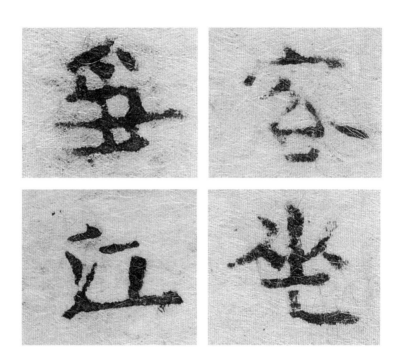

17b 2–1, 17b 4–15
18a 8–1, 18b 4–15

18b 2-13, 23a 1-1
24b 2-9, 25a 7-2
26b 2-9, 30a 3-11
41b 6-7, 43a 8-10

보사 補寫

획 탈락과 마찬가지로 역시 주물이 내려앉아 인출 시에 획이 탈락된 부분을 새로 칠하는 보사를 했는데, 주로 알아보기 쉽게 하느라 보사했다. 주조 기술의 부족으로 글자의 전체 또는 획이 결락되어 가필한 글자가 제법 많다.

먹이 찍히지 않은 부분을 새로 칠하는 것을 보사라고 한다.

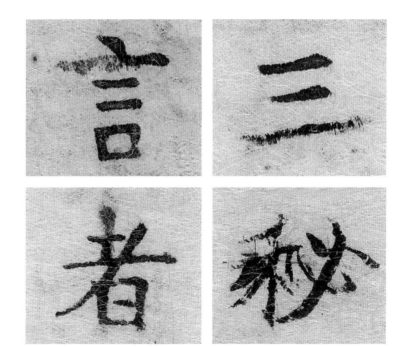

1a 6–11, 3b 6–1
10b 7–7, 12b 2–6

12b 4-3
20a 8-8
20a 8-15
20b 8-1

20b 8–7
20b 8–15
27a 2–12
27b 6–1

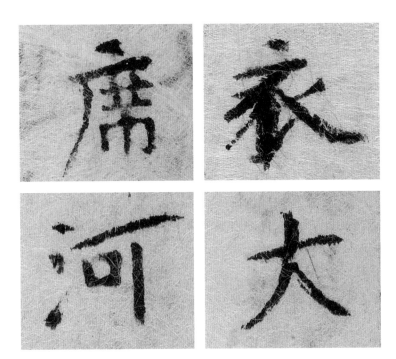

28a 1–2, 28b 4–15
30a 1–2, 30a 1–3

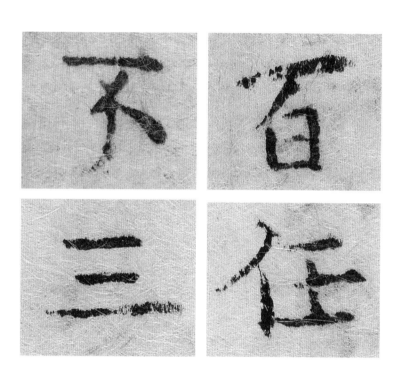

30a 8–13, 32b 8–1
39b 7–10, 40b 4–2

가필

가필은 글씨에 먹을 덧칠하여 고쳐 쓰는 것을 말한다. 가필이 잘못된 글자도 많은데, 그중 예를 들어보면 다음과 같다.

바르게 가필하면 鄕, 船, 凰, 舞이다.

1a 1–14, 12a 1–10
24a 1–4, 28a 7–4

바르게 가필하면 喚, 有,
盡, 嗟이다.

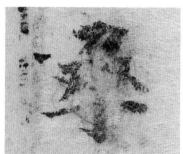

32a 1–1, 32b 3–2
41b 8–2, 42a 2–1

공인본의 허물을 그대로 번각

공인본의 허물을 수정하지 않고 그대로 번각한 삼성본의 글자도 있다.

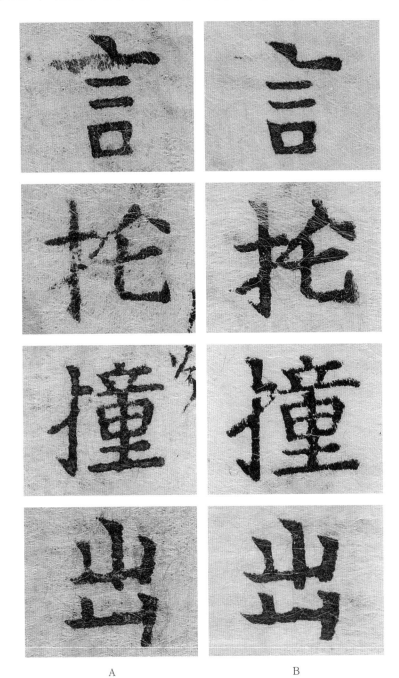

A   B

1a 6–11
2b 8–14
14a 3–8
43a 8–10

활자의 움직임

제5장

조판 기술의 부족으로 활자가
움직인 자국이 확연히 보인다.
빨간 박스로 된 글자들을 보면
활자가 상하좌우로 움직인 흔
적을 볼 수 있다. 목판본이라
면 이런 경우는 없다. 이는 금
속활자본이라는 증거가 된다.

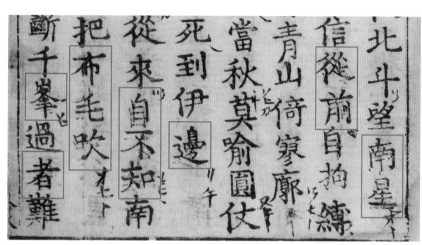

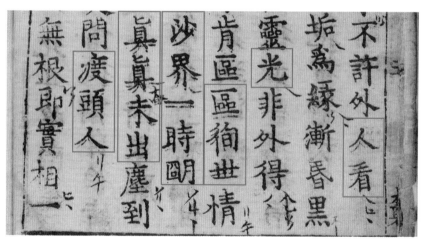

제5장과 제43장에서 인쇄 때 활자가 움직인 글자 자국이 확연하게 드러나 있다. 아마도 조판 기술이 부족하여 생긴 현상일 것이다. 종이가 밀렸다는 사람도 있을 수 있으나 만일 종이가 밀렸으면, 위아래나 옆의 글자도 같이 밀린 자국이 있어야 한다. 활자가 움직인 증거이다.

우선 제5장에서 오른쪽 상단 광곽과 첫째 줄 글자에서 활자가 움직인 자국이 확연하게 드러났다. 그리고 아래에서 3번째 줄과 4번째 줄에 활자가 움직인 자국이 보인다.

A면에서는 1-13~14의 南星, 2-11~12 從前, 5-13 邊, 6-12~14 自不知, 7-12~13 毛吹, 8-12 峯, 8-14 者 등이 있고, B면에서는 1-13~14 人看, 3-11 光, 4-12~14 區徇世, 5-10~14 沙界一時明, 6-10~13 眞眞未出, 7-11~13 渡頭人 등이 있다. 그리고 제43장 상단의 판심 쪽의 '徒 之'에도 움직인 흔적이 보인다.

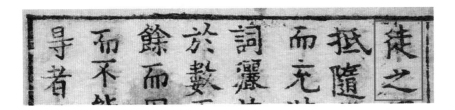

제9, 24, 25, 37, 38, 39장은 착지着紙에 실패하여 다시 대어 찍어낸 흔적이 보인다. 제9장은 종이를 대었다가 약 4mm 정도 오른쪽으로 이동하여 인출한 흔적이 남아 있다. 제24장의 예처럼 착지를 다시 한 것이다. 빨리 떼어낸 것일수록 깨끗하다. 활자가 밀린 것과 종이가 밀린 것은 다르다.

인출할 때는 마력으로 항상 같은 방향으로 상하좌우로 왕복하여 밀게 된다. 그것도 많이 미는 것이 아니고 한번 내지 두세 번에 지나지 않는다. 종이를 잘못 대어 생긴 것도 있다. 필자가 목판본을 다뤄본 경험이 많은데 일부 글자만 종이가 밀리는 경우는 없다. 대부분 마력을 밀 때 생기는 현상인데 이 경우 종이는 버리고 다시 찍는다. 대부분 좌측에서 우측으로 그리고 위에서 아래로 밀대를 민다. 한번 잘못되면 그 종이는 못쓰게 되는데 종이를 잘못 댔다면 빨리 떼어내어 찍어낸 경우는 있다.

제9장

오른쪽 상단의 광곽을 보면 종이를 잘못 대었다가 옮겨 인출한 흔적이 뚜렷하게 보인다.

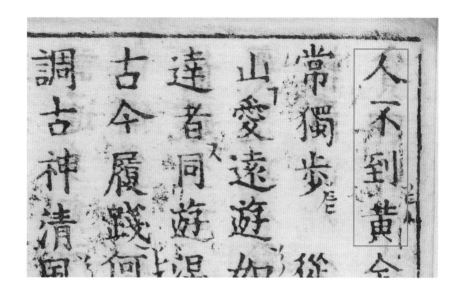

뒤집힌 글자

《남명천화상송증도가》공인본에는 뒤집힌 글자가 있다. 이에 대해서 서예전
문가 손환일은 다음과 같이 지적하였다.[1] 우리나라 사경 기능 보유자 김경호
에게 문의한 결과도 동일하였다.

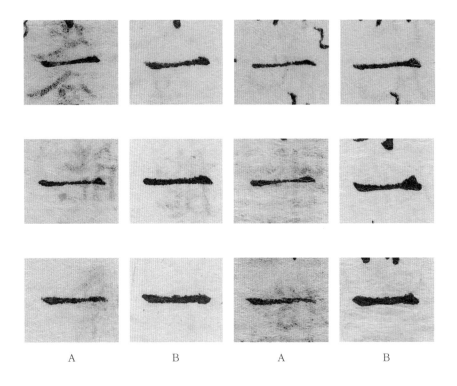

A   B   A   B

공인본(A)에 보이는 뒤집힌
글자이다.

여기 제시된 여섯 글자는 활자를 조판할 때 뒤집힌 글자들이다. 조판 당
시 뒤집힌 것을 알지 못하고 그대로 인쇄한 것이다. 삼성본은 '23b 5-3'을 제
외하고는 모두 바로잡아 판각하였다.

---

1 손환일, 《남명천화상송증도가》(공인본)에 나타난 금속활자본의 특징, 문화사학 제48호, 2017.12, pp.72~73.

4b 7-13, 8b 7-12
23b 5-3, 28a 6-2
40b 3-2, 43b 3-8

활자의 높낮이에 의한 농담의 차이

활자가 반듯하지 못해서 글자 면이 한쪽으로 기울어져 인출됨으로써 상하좌
우에 농담의 차이가 생겼다. 이 역시 주조 기술이 미숙한 탓이다.[2] 손환일은
이러한 글자를 4종의 유형으로 정리해주었다. 상하와 좌우에 한쪽으로 기울
어져 인출되었음을 알 수 있다. 공인본은 활자가 균등하지 못해 상하·좌우에
농담의 차이가 심한 글자들이 많다. 그러나 삼성본은 목판본이라서 표면이
평평하므로 농담의 차이가 없다.

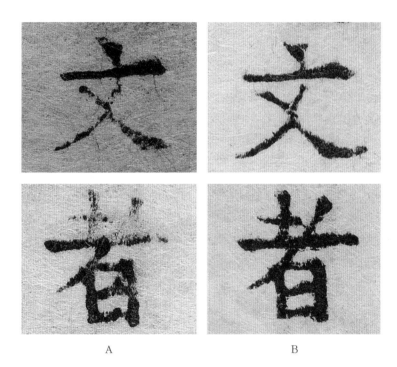

A   B

2 손환일, 《남명천화상송증도가》에 나타난 금속활자본의 특징, 문화사학 제48호, 2017.12, pp.78~84. 손환일은
  서체 연구자 입장에서 공인본의 인쇄 상태 가운데 한쪽으로 기운 글자를 상고하저형, 상저하고형, 좌고우저형,
  좌저우고형 등 4종류로 나누었다.

상고하저형

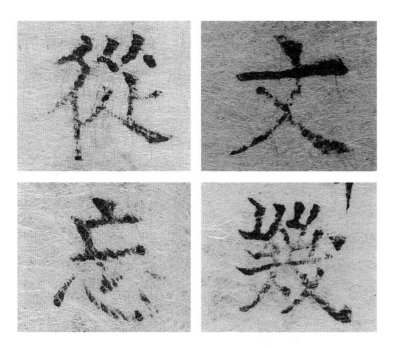

목판본에 이렇게 인쇄된 글자
는 있을 수 없다.

11a 6-1
12b 2-15
20a 1-9
31b 6-14

5a 1–9
5a 5–3
5b 8–9
9b 2–13

6a 6–3
11a 2–11
15a 4–3
16b 7–13

우고좌저형

4장

다시 써야 하는

우리나라 인쇄의 역사

불교 경전 신앙과 인쇄술

• 신라 사경과 목판인쇄술

신라 사경의 예술품, 《백지묵서대방광불화엄경》

우리나라는 고구려 소수림왕 2년(372) 불교가 전래되면서 경전이 도입되었다. 이후 불교 경전을 널리 전파시키고자 하는 신앙적인 열정으로 경전의 필사가 성행하였다. 사경은 인쇄술이 발달하기 이전에는 경전 보급을 위한 유일한 수단이자 신앙 행위였기 때문에 흐트러짐이 없는 엄격한 의식에 따라 행해졌다.

신라 《백지묵서대방광불화엄경》은 754~755년에 필사하였는데, 발원문에 사경 제작에 참여한 사람들이 지켜야 할 사경 제작 의식儀式과 방법이 기록되어 있고 발원한 연기법사緣起法師의 간절한 염원이 드러나 있다.[1]

내 지금 미래세가 다하도록 일념으로 서원하노니,

필사한 이 경전 파손되지 말기를

---

1 박상국, 《신라백지묵서대방광불화엄경》, 문화재청, 2000.

설사 삼재로 대천세계가 부서진다 하더라도
이 사경은 허공처럼 파괴되지 말지어다.
만약 중생들이 이 경에 의지하여
부처님 뵈옵고 법문 들으며 사리 받들고
보리심을 발하여 용맹 정진하고
보현보살의 행원을 닦으면 곧 성불하리라.[2]

신라의 《백지묵서대방광불화엄경》. 우리나라에서 가장 오래된 사경으로 두루마리 형태이다.

세계 최고의 목판인쇄 《무구정광대다라니경》

경전에 대한 신앙은 마침내 목판에 경전의 내용을 새겨 찍어내는 목판인쇄술의 발명을 가져왔다. 1966년에 경주 불국사 석가탑에서 발견된《무구정광대다라니경》을 보면, 늦어도 742년에는 목판인쇄가 시작되었음을 알 수 있다. 《무구정광대다라니경》은 6개의 소小다라니에 대한 작법과 그에 따른 공덕을 설명하고 있다. 각 다라니의 작법 내용을 살펴보면, 근본다라니는 77벌을 써서 탑 속에 넣거나 진흙으로 소탑 77기를 만들어 그 탑 속에 필사한 다라니

---

2 박상국, 《사경》, 대원사, 1990, p.8.

를 넣도록 했다. 상륜당다라니와 자심인다라니는 각각 99벌씩 필사하여 탑속에 봉안하도록 하고, 수조불탑다라니는 탑을 조성하거나 중수하거나 작은 탑을 흙으로 만들거나 벽돌로 만들거나 먼저 이 주문을 1,008번 외운 후에 조성하도록 했다. 그리고 대공덕취다라니와 육바라밀다라니는 앞의 4가지 다라니를 각각 99벌씩 필사하도록 했다. 이러한 되풀이되는 필사권유가 인쇄로 전환하게 하는 계기가 되었을 것이다.[3]

《무구정광대다라니경》은 그동안 세계 최고의 목판인쇄물로 평가되어 오다가 2005년에 함께 출토된 〈묵서지편〉이 고려시대 쓰인 중수기로 알려지면서 고려본일 가능성이 제기되었다. 그러나 〈묵서지편〉은 1024년과 1038년의 다보탑과 석가탑의 중수 내용이고, 석가탑과 다보탑이 모두 천보원년(742)에 창건한 것으로 기록되어 있어 오히려 이곳에 봉안되었던 《무구정광대다라니경》은 늦어도 742년에는 간행된 것이 확실해졌다.[4] 그리하여 《무구정광대다라니경》은 세계 최고의 목판인쇄물로서 위치를 더욱 굳건히 지키게 되었다.

〈묵서지편〉은 1024년, 1038년의 다보탑과 석가탑의 중수 내용이고, 석가탑과 다보탑이 모두 천보원년(742)에 창건한 것으로 기록되어 있어, 이곳에 봉안된 《무구정광대다라니경》은 늦어도 742년에 간행된 것이 확실해졌다.

《무구정광대다라니경》. 세계에서 가장 오래된 목판인쇄물이다. 불교중앙박물관 소장.

• 고려 사경과 목판인쇄

고려시대는 불교가 국교의 위치에 있었고 통일신라의 사경과 인쇄술의 전통을 이어받아 더욱 발전하였다. 경전을 필사하는 사경이 수행과 공덕을 쌓는 행위이기 때문에 고려왕실을 중심으로 극성스러울 정도로 성행하여 여러 차례 금은자 《대장경》을 사성하였고, 《초조대장경》과 《재조대장경》을 판각하여 고려시대는 사경과 목판인쇄의 전성기를 구가했다.

---

3 박상국, 《무구정광대다라니경》, 문화재청, 1999, p.11.
4 박상국, 〈석가탑의 무구정광대다라니경〉, 《불국사석가탑유물1. 경전》, 2009, 국립중앙박물관, 불교중앙박물관.

사경

고려시대의 사경은 신라의 전통이 그대로 이어져 더욱 발전하였다. 그러나 순수한 신앙의식보다 외형에 치중하여 호화로운 금은의 사경이 성행했는데, 《대장경》까지 여러 차례 금은으로 사성하였다.

> 부처님 말씀을
>
> 읽고 쓰고 소리 내어 읊어보고
>
> 그 내용을 생각하고 실천하며,
>
> 남에게 가르쳐 주어라.
>
> 그러면 일체 지혜를 얻을 것이다.
>
> 그리고 육바라밀을 실천하라.
>
> 육바라밀은 인간을 원만한 이상적 인간으로 기르는 참된 어머니요,
>
> 모든 구도자들이 자기완성의 길을 갈 때 궤범이 되는 스승이다.
>
> 나아가 나와 모든 중생에게 이익을 주고,
>
> 안락한 생활을 보장하게 될 것이다.[5]

고려는 태조 왕건의 조부인 작제건作帝建의 사경공덕을 건국설화[6]로 기록한 불교 국가다. 고려시대 사경은 주로 국왕과 귀족 중심으로 성행하였는데 백지에 먹으로 쓴 것보다 금은을 사용한 금자 사경과 은자 사경이 많았다.

고려시대 사경 가운데 가장 오래된 것은 고려 목종 9년(1006)의 《감지금니대보적경》 권32이다.[7] 금니로 쓴 《대장경》 가운데 한 권인데, 권말에 교정한 사람이 기록되어 있다. 이것은 《금자대장경》 필사에 있어 교정이 철저하게 이루어졌음을 말해준다. 이런 사경의 전통이 《고려대장경》을 가장 정확한 《대장경》으로 이름을 떨치게 했다.

---

5 모든 대승경전에서 설하는 부처님의 말씀이다.

6 《고려사》 권1, 세계世系조. "작제건이 부친을 찾아가다가 서해 용왕을 구해주다. …… 금자로 사경하는 곳이 있었다. 작제건이 그 자리에 앉아서 붓을 들고 사경을 시작하는데……."

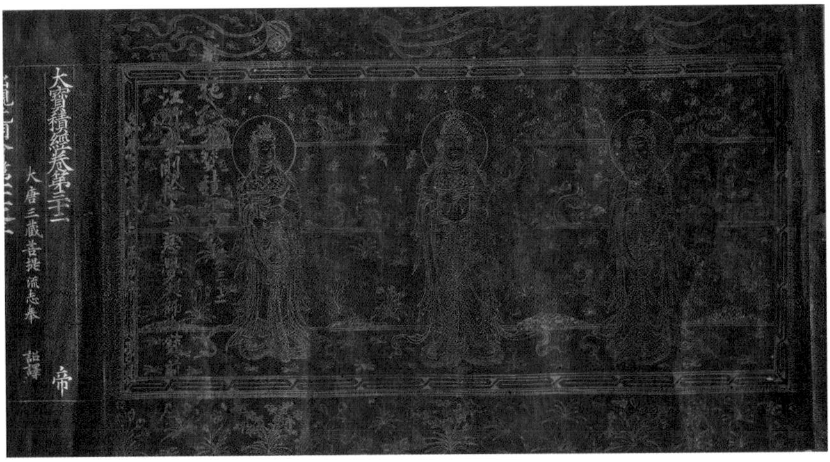

《감지금니대보적경》 권32. 고려 사경 중 가장 오래된 것이다. 일본 문화청 소장.

충렬왕은 즉위하면서 《은자대장경》을 사성하였는데, 감지에 은으로 쓴 《불공견색신변진언경》 권13(국보 제210호), 4년(1276)에 감지에 은으로 쓴 《문수사리문보리경》[8], 6년(1280)에 감지에 은으로 쓴 《보살선계경》(보물 제740호)[9], 10년(1284)에 감지에 은으로 쓴 《현식론》[10] 등이 전해지고 있다. 이때가 고려 사경의 전성기로 추정된다. 고려의 뛰어난 사경 기술은 원나라까지 알려져 사경승을 보내 달라는 요청을 여러 차례 받기도 했다. 사경승 요청에 대하여 충렬왕 16년(1290)에는 세 번에 걸쳐 보냈고,[11] 23년(1297)과 28년(1302), 31년(1305)에도 사경승을 요청하여 보내주었다.

고려시대 임금들은 보위에 오르면 경쟁하듯이 사찰을 방문하였고, 극성스러울 정도로 불교 경전을 중시하여 《대장경》을 금은자로 제작했다. 고려시대에 사경신앙이 성행할 수 있었던 것은 종이와 먹과 관련된 기술이 축적되어 있었고, 필요한 물량은 항상 조달할 수 있었기 때문이다.

목판인쇄와 《대장경》

현존하는 가장 오래된 고려시대 목판인쇄물은 1007년에 총지사摠持寺에서 간

7 《사경 변상도의 세계, 부처 그리고 마음》, 국립중앙박물관, 2007, p.38, p.353.
8 《사경 변상도의 세계, 부처 그리고 마음》, 국립중앙박물관, 2007, p.44, p.353.
9 박상국, 《사경》, 대원사, 1990, p.46, 장충식, 《한국사경연구》, 2007, p.87.
10 장충식, 《한국사경연구》, 2007, p.90.

행한《일체여래심비밀전신사리보협인다라니경》(이하《보협인경》)이다. 통일신라시대《무구정광대다라니경》이 조탑공덕경造塔功德經이라면《보협인경》은 납탑공덕納塔功德을 강조한 경전이다. 고려시대로 접어들면《무구정광대다라니경》대신《보협인경》이 그 자리를 급속히 대치한다.

《보협인경》목판본을 보면 고려는 이미 11세기 초에 목판인쇄술이 상당한 수준에 이르렀음을 알 수 있다. 권수에 총지사 주지 진염眞念과 광제대사 석홍철이《보협인경》판에서 인출하여 널리 불탑에 공양하기 위해서 찍었다는 내용이 기록되어 있다. 총지사본은 오월국에서 유행한 판본을 모본으로 하되 그 면모를 일신시킨 새로운 판본이라 할 수 있다.

《초조대장경》의 판각에 대해서는 대각국사 의천義天(1055~1101)의 저술인《대각국사문집》에 수록된〈선종을 대신하여 제종교장의 조인을 발원하는 소〉에서 "현종(1009~1031)께서 5천 권의 비장을 새기셨고 문종(1046~1082)께서는 10만 송의 계경契經을 새기셨습니다"라고 하였고,《고려사》에서도 "현종 때의 대장경판본이 임진년(1232) 몽고에 의해 불타버린 것을 왕과 군신이 다시 서원하고 도감을 세워서 16년이 걸려 완성하였다"**12**는 기록이 보인다. 따라서 초조대장경판각은 현종 때 완성한 것이 분명해진다.

현종 때의 초조대장경판각은 북송이 세계 최초로 대장경판인 개보칙판開寶勅版을 새기자 고려에서 크게 자극을 받았는데, 마침 거란족이 침입하자 문화국으로서 입지를 세우고 부처님의 힘으로 국가를 지키겠다는 일념으로 판각한 것이다.

현존하는 가장 오래된 고려의 목판인쇄물은《일체여래심비밀전신사리보협인다라니경》이다.

11《고려사》권30, 충렬왕 16년(1290) 3월 경신일에 원나라 황제가 금자경을 필사시키기 위하여 글씨 잘 쓰는 승려를 요구하여 왔으므로 35명을 원나라에 보냈다.
4월 정유일에 불경을 필사할 승려 65명을 원나라에 보냈다.
8월 계유에 장군 조감趙珌을 파견하여 사경승을 인솔하여 원으로 가게 하였다.
《고려사》권31, 충렬왕 23년(1297) 8월 계사일에 원나라에서 사신을 보내 불경을 필사할 승려들을 징발하였다.
《고려사》권32, 충렬왕 28년(1302) 4월 신미일에 원나라에서 별첩목아別帖木兒를 보내 불경을 필사할 승려를 요구하였다.
《고려사》권32, 충렬왕 31년(1305) 12월 경인일에 원이 홀도불화忽都不花를 보내와서 사경승을 구하였으므로, 승려 100명을 뽑아서 보냈다.
《고려사》권33, 충선왕 원년(1309) 4월 신사일에 원이 사경에 쓸 종이를 요구하였다.
《고려사》권34, 충선왕 3년(1311) 8월 계사일에 원 황태후가 초를 보내 사경의 노고를 치하하였다.

경도대학교 명예교수인 치쿠사 마사키竺沙雅章 교수에 의하면, 북송의 개보판《대장경》판각은 971년에서 977년까지 7년밖에 걸리지 않았다는 것이다.[13] 당시 고려는 중국 못지않은 인쇄문화대국이었고, 해인사 고려대장경판은 내용을 일일이 대교하면서 판각했는데도 준비 기간까지 합쳐서 16년밖에 걸리지 않았다.《초조대장경》은 송 개보판《대장경》을 저본으로 새겼기 때문에 그리 오래 걸릴 일이 아니었다.

해인사 고려대장경판은《초조대장경》이 1232년에 몽고의 침입으로 불타 버리자 그다음 해인 1233년부터 준비하여 1248년까지 모두 16년이 걸려 판각한 것이다. 이 대장경판은 당시 개태사 승통 수기에 의해 북송관판, 거란판,《초조대장경》을 대교하여 새겼으므로 현존 불교대장경 가운데 내용이 가장 정확하고 완벽하게 보존된 것으로 알려져 있다. 이는 국민을 신앙적인 열정으로 결속시켜 오랜 세월 대몽항쟁을 펼칠 수 있게 하였던 원동력이 되었던 호국문화유산이다.

그동안 대장경판은 강화도에 대장도감을 설치하여 1236~1251년까지 16년 동안 판각했다고 잘못 알려져 왔다. 그러나 대장경판을 판각 연도별로 정리해 본 결과 1237~1248년까지 12년 동안 전체 1,496종 6,570권[14]의 경판이 천자문

---

12 이규보, 〈군신기고문〉, 《동국이상국집》.

13 竺沙雅章, 開寶藏과 契丹藏, 宋元佛敎文化史硏究, 汲古書院, 2000, p.317.

의 순서로 천天함(제1함)에서 동洞함(제639함)까지 수록되어 있었다. 이외의 15종 보유판은 대장경판으로 분류할 수 없는 조선시대 제작된 것과 연구 주석서가 포함되어 있다.

〈대장경판 판각 연도별 분류표〉

판각 연도	판각종·권수	판각 연도	판각종·권수
정유년(1237)	2종 115권	계묘년(1243)	469종 1,317권
무술년(1238)	42종 509권	갑진년(1244)	276종 1,737권
기해년(1239)	103종 304권	을사년(1245)	280종 764권
경자년(1240)	74종 292권	병오년(1246)	172종 453권
신축년(1241)	107종 296권	정미년(1247)	29종 96권
임인년(1242)	176종 382권	무신년(1248)	1종 1권
간기 없는 것	78종 304권	계 : 1,809종 6,570권	

실제로 구성된 대장경 총계 : 1,496종 6,570권

《대장경》권말에 새겨져 있는 간행기록을 모두 조사하여 연도별로 분류해 본 결과 대장경판 판각 연도에 대한 이해가 잘못되었음을 알게 되었다.

〈분사대장도감판의 연도별 분류〉(7종 중복)

판각 연도	판각종·권수
계묘년(1243)	38종 212권
갑진년(1244)	33종 258권
을사년(1245)	4종 4권
병오년(1246)	3종 22권
정미년(1247)	1종 4권
총계	72(79)종 500권

---

14 동국대학교 영인본 총목록에 수록된 경전은 1,498종으로 되어 있다. 그러나 경순經順 1142번과 1143번, 1225 번과 1226번은 각각 2종이 아니라 1종으로 봐야 한다. 1142번의 불설보생타라니경佛說寶生陁羅尼經과 1143번 불설련화안타라니경佛說蓮花眼陁羅尼經은 같은 시호施護(송宋)역譯으로 두 개의 경을 합쳐 1권으로 편성한 경전이다. 1225번 불설삼신찬佛說三身讚과 1226번 만수실리보살길상가타曼殊室利菩薩吉祥伽陁 역시 1권으로 편성된 경전이다. 그러므로 1143번 이후는 번호가 1번이 당겨지고, 1225번 이후는 번호가 2번이 당겨진다. 그래서 전체 1498종 이 아니라 1496종이 된다.

〈분사대장도감판의 연도별 분류〉에서 1243~1247년의 5년 동안 72종
500권이 분사대장도감에서 간행된 것으로 나타난다. 그런데 여기서 주목해
봐야 할 것은 전체 6,570권 중 고작 500권을 판각하기 위해서 대장도감의 분
사를 지방에 설치한 것은 아니라는 점이다. 정안이 남해에 내려간 4년 동안
대장경판 판각이 가장 왕성하게 이루어져 전체 3분의 2가 이루어졌다. 남해
는 대장도감의 분사가 아니고 대장도감이었기에 가능했던 것이다. 정안은 남
해대장도감에서 대장경판을 모두 완료했다. 고작 500권 때문에 정안이 남해
로 내려가고 분사를 설치했다고 볼 수 없다.

대장경판의 각수를 조사해본 결과 분사판이나 대장도감판이 동일한 장소에
서 동일한 각수에 의해서 새겨졌음을 확인할 수 있었다. 뿐만 아니라 그동안 분
사대장도감판으로 분류되었던 분사판은 500권인데, 470권에서 "대장도감"을 파
내고 그 자리에 "분사대장도감"을 새겨서 상감수법으로 바꿔놓은 것임을 확인
하였다. 분사판이나 대장도감판은 모두 남해대장도감 한곳에서 새겨졌던 것이다.

분사대장도감은 '고려국분사 남해대장도감'의 약자이고 남해가 "고려국
의 분사"를 설치하였던 것을 남기기 위해 마지막에 분사를 넣어 상감수법으
로 집어넣었던 것이다. 대장경판의 간행기록과 면밀한 조사를 통해서 대장경
판은 1233년에서 1248년까지 판각되었고, 판각장소는 강화 선원사가 아니
라 경남 남해였음을 밝힐 수 있었다.

그리고 역사기록에 나타나 있는 바와 같이 당시 최고 권력자인 최우의 식
읍지가 진양(경남 진주 일원)이었고, 그의 처남 정안이 하동의 토호로서 남해에

서 국가와 약속하고 대장경판을 판각하였던 것이다. 이렇게 남해는 대장경판 판각 경비조달과 판각에 쓸 지리산 목재를 섬진강을 이용하여 조달하기 용이하였고, 몽고군을 피해 작업할 수 있는 섬이라는 지리적 이점 등으로 《대장경》 판각에 최적지였다.[15]

고려시대 금속활자 인쇄

• 수선사(현 순천 송광사)에서 탄생한 《남명천화상송증도가》

경주에는 종소리로 유명한 성덕대왕신종(에밀레종)이 있다. 우리나라는 이미 8세기에 동합금銅合金 주조 기술이 뛰어났음을 알 수 있다. 《고려사》 성종 15년(996)에는 철전鐵錢을 주조하였다는[16] 기록이 있고, 숙종 7년(1102) 고주鼓鑄하는 법을 제정하였고, 이때 주전鑄錢 1만 5,000관貫을 만들었다는 기록[17] 등도 있다. 이를 보면, 상당히 일찍부터 금속활자 주조 기술은 기반이 구축되어 있었음을 알 수 있다.

'금속활자는 언제 어떤 계기로 어디에서 탄생한 것일까?'라고 하면 대답하기 어렵다. 아무런 기록이나 근거도 없기 때문이다. 그런데 고려시대 금속활자 발명의 계기는 무엇보다 13세기 불교계의 형편과 무관하지 않을 것으로 보인다. 바로 이 시기에 《남명천화상송증도가》라는 최초의 금속활자본이 탄생했기 때문이다. 그러므로 이 책의 간행은 선종사찰에서 주관하였을 것이

---

15 박상국, 〈해인사 대장경판에 대한 재고찰〉, 《한국학보》, 제33집, 일지사, 1983. 겨울호.
   박상국, 〈대장도감과 고려 대장경판〉, 《한국사》21, 국사편찬위원회, 1996. 12.
   박상국, 〈법보 고려대장경〉, 초조대장경 천년의 해 기념 특별전, 불교중앙박물관, 2011.
   박상국, 〈고려대장경의 진실〉, 초조대장경 천년 기념 특별전 도록, 문화재청, 2011.
   박상국, 《고려대장경판의 판각과 남해》, 남해군, 한국문화유산연구원, 2013.

16 《고려사절요》 권2, 성종문의대왕成宗文懿大王 성종成宗 15년(996) 4월, "처음으로 철전鐵錢을 사용하였다."

17 《고려사》 권6, 숙종명효대왕肅宗明孝大王 숙종 7년(1102) 12월 처음으로 화폐를 주조했다. "이제 처음으로 고주하는 법을 제정하고, 주조한 화폐 1만 5,000관은 재추宰樞·문무양반·군인에게 나누어 하사하여 이로써 첫걸음이 되도록 하라."

고 그것도 금속활자로 간행할 수 있는 모든 조건과 능력을 갖춘 사찰이었을 것이다. 당시 이러한 조건을 갖춘 사찰은 조계산 수선사뿐이었다.

수선사는 1200년부터 보조국사 지눌知訥(1158~1210)에 의해 정혜쌍수를 주창하며 수행결사 운동이 새롭게 전개되었고, 당시 고려불교계를 선도하였던 사찰이다. 당시 수선사에서는 고승어록이 중시되고 선종 관련 문헌들이 전파 수용되면서 새로운 선종의 붐이 일었다. 보조국사 이후 16국사가 배출되었는데, 수선사 2세 진각국사 혜심(1178~1234)은《선문염송》30권을 편찬하고〈구자무불성간병론狗子無佛性看病論〉을 지어 수행자들을 지도하였다.[18]

이러한 시기에 당시 무신정권에서는 최충헌崔忠獻(1149~1219)이 지눌의 정혜결사定慧結社에 큰 관심을 가지고 강력히 지지하여 수선사가 사액을 받도록 주선하기도 하였다. 그 후 진각국사 혜심 때에는 강종을 비롯한 왕실, 최이를 비롯한 무신세력, 최홍윤을 비롯한 유학자 관료 등이 새로 입사入社함으로써 수선사는 중앙의 정치세력과 연결되었으며, 그에 따라 교단은 크게 발전했다.

특히 최이가 무신 집정이 되었을 때 수선사는 정권과 매우 밀착된 모습을 보인다. 최이는 만종과 만전 두 아들을 수선사 혜심의 문하에 출가시키고 정권 핵심세력들로 하여금 수선사 주요 단월(절이나 승려에게 물품을 내는 신자)로 참여토록 하는 등 수선사에 각별한 관심을 기울였다.

또한 각종 보寶의 명목으로 전답과 염전 등의 막대한 토지를 수선사에 시주하고 있었다.[19] 당시 수선사와 중앙의 정치세력과의 관계는 제3세 청진국사 몽여夢如(?~1252), 제4세 진명국사 혼원混元(1191~1271), 제5세 원오국사 천영天英(1215~1286) 등으로 이어진다.

《남명천화상송증도가》의 권말에 최이의 지문이 붙어 있는 것은 최초의 금

최초의 금속활자 간행은 최씨 무신정권과 밀접한 관계가 있다.

---

18 김호성,〈혜심선사상에 있어서 교학이 차지하는 의미〉,《보조사상》7집, 1993, p.104.

19 이규보,《동국이상국집》제35권,〈조계산 제2세 고 단속사주지 수선사주 진각국사 비명병서〉에, "지금의 문하시중 진양 최공崔公이 명성을 듣고 성의를 기울여 마지않아 여러 번 서울로 맞이하려고 하였으나, 국사는 끝내 이르지 않았다. …… 다시 두 아들을 보내어 국사를 모시게 하였고, …… 무릇 사의 생활도구를 힘을 다하여 마련해주었으며, 심지어 차, 향, 약이, 진착, 명과, 도구나 법복까지 항상 제때에 공급하는 일을 계속하였다." 최병헌,〈진각혜심, 수선사, 최씨무인정권〉,《보조사상》7집, 1993, p.182.

속활자 간행은 무신정권과 밀접한 관계가 있음을 반증한 것이다. 특히 이 시기는 초조대장경판이 1232년에 불타버려 한창《대장경》을 판각하던 시기였다. 당시 전국 사찰의 각수들은《대장경》판각을 위해 모두 남해로 차출되었으므로 수선사에서도 더 이상 필요한 서적 인쇄를 할 수 없었다. 이러한 이유로 목판 대신 금속활자 인쇄의 필요성이 대두되었을 것이고, 고려시대 최초의 금속활자본이 당시 무신정권의 최고 권력자 최이와의 인연으로 탄생한 것이 틀림없다. 그러므로《남명천화상송증도가》는 그 당시 전폭적인 후원을 받던 수선사에서 간행하였을 것으로 생각된다.

그리고《대장경》판각을 위해서 수선사의 각수도 모두 남해에 집결해 있었기에《남명천화상송증도가》는 금속활자로 간행하기 앞서 먼저 남해로 내려간 각수들이 금속활자 어미자를 위해 목판을 제작하였을 것이다. 이 책은《대장경》판각에 여념이 없는 수선사의 각수들을 중심으로 부탁하여 새겼기 때문에 수고해준 각수들에게 감사의 표시로 판심에 이름을 새겼던 것이다.

공인본《남명천화상송증도가》는 아마도 금속활자 발명 직후에 최초로 간행한 것으로 추정된다. 이 책은 초창기가 아니면 볼 수 없는 너덜이 등 주조 기술이 미비하여 생긴 금속활자의 흠·허물을 너무 많이 지니고 있기 때문이다.

그나마도 계속하여 금속활자본을 간행할 여건은 아니었다. 당시 수선사는 새로 수입된 선종서적의 간행 요구와《대장경》판각이라는 국가적인 사업으로 인하여 금속활자 발명의 계기를 만들었던 곳이었다. 그러나 무엇보다 주자소 운영에 따른 경비조달이나 주조 기술 등 사찰이 운영하기가 벅찬 부분이 많았다. 무엇보다 그 당시의 사정은 금속활자 인쇄가 고려시대의《초조대장경》,《재조대장경》간행으로 고도로 발달된 당시의 목판인쇄술을 능가할 수 없었다. 그리하여 다시 목판인쇄로 회귀할 수밖에 없었던 것이 당시에 수선사가 처한 상황이었을 것이다. 최초의 금속활자는 겨우 인쇄에 성공하였지만, 앞에서 살펴본 바와 같이 인쇄 상태도 좋지 않았다.

현재까지 알려진 고려시대의 선종서적을 도표에서 살펴보면 대부분 13세기에 수선사에서 보조국사와 그의 문도들에 의해 간행되었고《남명천화상송증도가》와 인연이 깊은 남해 대장도감에서 간행하였음을 알 수 있다.[20]

선종사찰인 수선사는 무신정권의 비호를 받으며 선종서적 간행의 중심 역할을 했다.

최초의 금속활자는 겨우 인쇄에 성공하였지만, 인쇄 상태가 좋지 않았다.

번호	서명	편·저자	간행 연도	비고
1	勸修定慧結社文	知訥	1200	彫板印施
2	華嚴論節要	知訥	1207	修禪社道人 冲湛募工彫板印施
3	六祖壇經	慧能	1207	知訥 跋文, 修禪社 道人湛默 重刻
4	永嘉眞覺大師 證道歌	永嘉師妹 淨居 註	1209	普濟寺 了惡沙門 印施
5	正法眼藏	大慧宗杲	1213	崇慶二年癸酉(1213)九月日 修禪社 道人正宣 重板印施
6	宗鏡撮要	曇賁	1213	崇慶 癸酉(1213)仲春 修禪社 無依子 慧諶誌
7	看話決疑論	知訥	1215	乙亥(1215)伍月 慧諶 跋
8	圓頓成佛論	知訥	1215	乙亥(1215)伍月 慧諶 跋
9	宗門圓相集	志謙	1219	貞祐七年己卯(1219)四月八日妙峰庵 夢如 跋
10	永嘉眞覺大 師證道歌	永嘉師妹 淨居 註	1239	己亥(1239)2月日 文林郎司宰少卿 李時茂募工重雕
11	南明泉和尙 頌證道歌	法泉	1239	己亥(1239)九月上旬 中書令晋陽公 崔怡 謹誌
12	禪門拈頌	慧諶	1243	鄭晏 誌
13	祖堂集	鄭筠	1245	乙巳歲分司大藏都監雕造
14	禪門三家拈頌集	龜庵	1246	丙吾(1246)道者 天英跋
15	證道歌事實	連公	1248	全光宰誌
16	宗鏡錄	延壽	1246~1248	甲寅歲 分司大藏都監 開板
17	禪宗唯心訣	延壽	1251	甲寅歲 分司大藏都監 重彫
18	註心賦	延壽	1254	甲寅歲 分司大藏都監 重彫
19	禪苑淸規	宗蹟	1254	甲寅歲 分司大藏都監 重彫
20	宗門遮英集	惟簡	1254	甲寅歲 分司大藏都監 重刻

* 이외의 보조국사 지눌의 저술인 《진심직설眞心直說》, 《계초심학인문誡初心學人文》, 《법집별행록절요병입사기法集別行錄節要幷入私記》도 수선사에서 간행했을 것이다. 이렇게 수선사는 최이 등 고려 무신정권의 비호를 받으며 선종서적의 간행과 보급에 핵심적인 역할을 했다.

---

20 동국역경원 이진영 박사가 조사와 정리해준 것을 바탕으로 일부 수정하여 싣는다.

• 고려시대 금속활자 관련자료

고려시대 금속활자를 살펴볼 수 있는 대표적인 자료는 《남명천화상송증도가》이외에도, 다음과 같은 자료가 있다.

〈신인상정예문발미新印詳定禮文跋尾〉

〈신인상정예문발미〉는 《동국이상국집》에 수록되어 있다. "고금의 서로 다른 예문을 모아 참작하고 절충하여 50권의 책을 만들고 그것을 상정예문이라고 명명하였다. …… 그래서 결국 주자를 사용하여 28본을 인출하여 제사諸司에 나누어 보내 소장하게 하니 모든 유사들은 일실되지 않게 삼가 전하여 나의 통절한 뜻을 저버리지 말지어다. 월일에 모는 발문을 쓴다."[21]

이 내용은 아사미 린타로淺見倫太郎(통감부 법률고문)가 1909년에 《조선朝鮮》이라는 잡지에 〈고려시대의 활판사적〉이라는 논문으로 처음 소개하였다.[22] 이후 1915년에 어윤적(1868~1935)의 《동사연표》에 "1234년 주자로 《상정예문》 28부를 인쇄했다"라고 소개되었다.[23] 그리고 1918년에 오다 미키지로小田幹治郎는 《상정예문》이 최우가 진양공에 책봉된 고종 21년(1234)부터 이규보의 몰년인 고종 28년(1241) 사이에 인쇄되었다고 보았다.[24] 현재 국내에서는 《상정예문》의 간행은 오다 미키지로의 설을 따르고 있다.[25]

〈신인상정예문발미〉는 이규보가 진양공 최이의 명으로 대신 지은 것이고, 최이가 1234년에 천도의 공으로 진양후晉陽侯에 봉해졌고, 이규보가 1241년 9월에 죽었기 때문에 이상과 같이 추정하였다. 그런데 여기에서 한 걸음 더 나아가 고려의 금속활자 발명은 강화로 천도한 1232년 이후에는 겨를이 없었을 것이

---

21 李奎報, 《東國李相國後集》 第11卷, 〈新印詳定禮文跋尾〉

22 淺見倫太郎, 〈고려시대의 활판사적〉, 《朝鮮》, 1909, p.22. 《조선》은 국내에서는 구할 수 없었고 일본에서도 행방이 불확실한 것을 후지모토 유키오 선생이 조사하여 복사해주었다.

23 魚允迪, 《東史年表》, 東國文化社, 1915, p.280.

24 小田幹治郎, 《朝鮮彙報》 36號, 1918, p.93.

25 김두종, 《한국고인쇄기술사》, 탐구당, 1981, p.121. 천혜봉, 《羅麗印刷術의 研究》, 景仁文化社, 1980, p.170. 천혜봉, 《한국금속활자 인쇄사》, 범우, 2012, p.38.

므로, 1232년 이전으로 주장하기도 했다.[26] 그러나 필자는 《상정예문》의 간행 시기는 최초의 금속활자본 《남명천화상송증도가》를 간행한 1239년 이후에서 1241년 사이라고 생각한다. 현재 판본은 물론이고 이 책의 내용도 전혀 전하는 바 없다.

《백운화상초록불조직지심체요절》

《백운화상초록불조직지심체요절》(이하 《직지심체요절》)은 1901년에 간행한 모리스 쿠랑Maurice Courant(1865~1935)의 《한국서지Bibliogaphie Coreene》의 보유판에 처음으로 소개되었다. 현재 파리국립도서관에 소장되어 있는데, 콜랭 드 플랑시Victor Collin de Plancy(1853~1922, 1887년에 우리나라에 파견된 프랑스 외교관, 1895~1906년까지 총영사 겸 주재공사)가 수집하여 기증한 것이었다.

1972년 5월 프랑스 국립도서관에서 '책Livre'이라는 주제로 행한 도서 전람회에 《직지심체요절》이 전시되었는데, 당시 프랑스 국립도서관에 사서로 근무했던 박병선 선생이 1377년에 간행된 세계 최고의 금속활자본이라고 발표했다.

그런데 이 책은 사실상 인쇄문화가 단절된 상태에서 겨우 그 기술을 재현해본 것이고, 고려시대 금속활자 인쇄는 《남명천화상송증도가》 이후에 계속하여 계승·발전하지 못했다.

그러나 오랫동안 금속활자본 실물이 없어 반신반의하다가 이 책의 등장

---

26 천혜봉, 《羅麗印刷術의 硏究》, 景仁文化社, 1980, pp.172~173. 배현숙 외, 《서지학개론》, 한울, 2004, p.131.

으로 고려시대 금속활자본 부재에 대한 아쉬움에서 벗어날 수 있었다.[27]

공양왕 4년(1392)의 기록

《고려사》에 "서적점書籍店. 문종文宗 때에 관제를 정하였는데, …… 공양왕 4년 (1392)에 서적원을 두면서, 활자의 주조와 서적의 인쇄를 담당하게 하였으며, '관원으로' 영令과 승丞이 있었다"[28]는 기록이 있다.

《고려사절요》에 처음으로 서적원書籍院을 두어 활자의 주조와 서적을 관장하도록 하였다[29]고 나온다.

공양왕 4년 1월에 서적원을 두어 활자의 주조와 서적 인쇄를 담당하게 한다고 하였지만, 역사적인 상황을 고려할 때 서적원 설치는 활자를 주조하여 서적을 인쇄하고 싶다는 내용에 지나지 않는다. 그러나 대부분의 학자들은 고려시대 중앙관서에서 활자를 주조하여 서적을 인쇄하였다는 사실을 알려주는 공식적인 기록처럼 견강부회牽强附會하였던 것이다.

고려시대는 중앙관서에서 금속활자를 주조하여 사용하지 않았다. 그런데 서적원은 바로 조선왕조로 직결되어 조선 초기의 융성한 인쇄문화를 형성하는 데 일익을 담당했다고 생각하는 것이 우리 학계의 현실이다.

다시 말하지만, 고려의 공양왕 4년(1392)까지 정부에서는 금속활자를 주조한 일도, 서적을 인쇄한 일도 없었다. 만일 당시 서적원에서 활자를 주조하고 사용했다면, 1392년 7월에 조선 정부가 설립되고 곧이어 공신도감에서 왕명을 받들어 개국에 공을 많이 세운 사람들에게 공신녹권을 발급할 때 반드시 사용하였을 것이다.

그런데 현존한 공신녹권(국보 제69호)[30]은 목활자로 찍었다. 그것도 활자 인쇄술이 완숙하지 못한 단계에서 서툴게 찍어낸 것이고 글자의 새김이나 조판

27 천혜봉, 《한국서지학연구》, 1991, p.735.

28 《고려사》 권77, 〈지〉 권제31 백관2 제사도감각색, 서적점의 연혁, 書籍店(文宗定, 錄事二人, 丙科權務, 吏屬, 記事二人, 記官二人, 書者二人. 忠宣倂於翰林院, 後復 置. 恭讓王三年, 罷. 四年, 置書籍院, 掌鑄字印書籍, 有令·丞.).

29 《고려사절요》 권35, 공양왕 4년(1392) 1월, 初置書籍院, 掌鑄字印書籍.

30 《문화재대관, 국보 전적─조선시대》, 문화재청, 2010. pp. 38~43.

공양왕 4년의 서적점에 대한 기록은 서적원을 설치하고 활자를 주조하고 싶다는 바람에 지나지 않는다.

의 균일성이 조잡하였다.[31] 조선이 개국하고 난 뒤 공신들에게 녹권을 발급하는 일인데, 고려 때의 금속활자가 있었다면 조선 건국 초기에 공신들에게 조잡한 목활자로 인쇄한 녹권을 발급하지는 않았을 것이 분명하다.

공양왕 4년(1392) 1월의 기록은 서적원 설치기록이지 금속활자 주조기록으로 볼 수 없다. 그러나 고려시대가 끝나는 시점에 금속활자로 인쇄를 하려고 시도했다는 것은 끈질긴 우리 민족의 예지가 이어지고 있었다는 증좌이기도 하다.

그리고 그 시점이 언제인지 확실하지 않지만, 조선조 개국공신 정도전 (1342~1398)이 금속활자 주조와 인쇄를 전담할 전문기관 설치가 필요하다고 주장한 것도 기억해야 할 일이다. 그가 쓴 서적포를 설치하는 시와 아울러 쓴 서문을 살펴보자.[32]

대범 선비 된 자가 비록 학문의 길로 향할 마음은 있을지라도 진실로 서적을 얻지 못하면 또한 어찌하겠는가? 그런데 우리 동방은 서적이 드물고 또 많지 않아 배우는 자가 모두 글을 널리 읽지 못하는 것을 한으로 삼으니, 나 역시 이점을 유감으로 여긴 지 오래였다. 그리하여 절실한 소원인 서적포를 설치하고 동활자를 만들어서 무릇 경經, 사史, 자子, 서書, 제가諸家, 시詩, 문文과 의방醫方, 병兵, 율律의 서적에 이르기까지 모조리 인출해 학문에 뜻을 둔 자로 하여금 모두 다 글을 널리 읽어 시기를 놓치는 한탄을 면하도록 하고자 하니, 오직 제공은 사문을 흥기하는 일로 자기 책임을 삼아서 다행히 공감해주기를 바라는 바이다.

이처럼 정도전에 의하면, 그동안 책이 매우 부족했음을 알 수 있다. 이 기록 역시 고려시대 중앙관서에는 금속활자 주조와 인쇄기능이 없었던 것을 알려준다.

정도전은 "우리 동방은 서적이 드물고 또 많지 않아서 배우는 자가 모두 글을 널리 읽지 못하는 것을 한으로 삼으니, 나 역시 이 점을 유감으로 여긴 지 오래였다"라며 서적포 설치가 필요한 이유를 밝혔다.

---

31 천혜봉, 《한국목활자본》, 범우사, 1993, p.18, 《문화재대관, 국보 전적-조선시대》, 문화재청, 2010, p. 29, 41.
32 정도전, 《삼봉집》 제1권, 고전국역총서 120, 1982, p.97, 置書籍鋪詩竝書

필자는 오래전에 청주고인쇄박물관 등에서 《직지심체요절》에 대해 여러 차례 강의할 때마다, '고려시대는 중앙정부의 금속활자 인쇄술이 지방사찰에까지 보급되었다'고 큰소리 친 것이 부끄러울 뿐이다. 우리는 그동안 고려시대 금속활자 자료에 대해 너무 편의적으로 해석하여 사용했다. 그리하여 한국이 금속활자 선진국이라는 데 대한 실증적인 자료에 목말라 하면서 성급하게 관련 자료를 주워담아 '금속활자 발명국'이라는 이론을 정립하는 데 급급하면서 너무 앞서 나갔던 것이다. 물론 고려가 금속활자 발명국은 맞지만 중앙정부에서 금속활자를 사용한 나라는 아니었다.

이제 그동안 역사적인 과정에서 파생된 금속활자 종주국이라는 인식 때문에 빚어진 잘못된 오해에서 벗어나야 할 때다. 지금까지 우리는 금속활자에 대한 역사적인 사실을 여러 번 왜곡하였다.

> 1377년의 《직지심체요절》은 지방의 한 사찰에서 금속활자 인쇄의 맥을 잇고자 시도한 것이다.

> 금속활자 종주국이라는 잘못된 오해에서 벗어나야 한다.

조선시대 금속활자 인쇄

• 조선 초기 주자소 설치

《태종실록》의 태종 3년(1403) 2월 경신(13일)에 새로 주자소를 설치하였다. 태종은 서적이 매우 적어 유생들이 널리 볼 수 없는 것을 염려, 주자소를 설치하고 예문관 대제학 이직·총제撊制 민무질·지신사知申事 박석명·우대언右代言 이응으로 제조提調를 삼았다. 내부內府의 동철銅鐵을 많이 내놓고, 또 대소 신료에게 명하여 자원해서 동철을 내어 그 용도에 이바지하게 한 것이다.[33]

태종 3년(1403) 2월의 기록은 주자소를 설치하면서 설치 목적과 조직, 주자소 설치에 필요한 동철을 내고 신료들에게 자원해서 동철을 내도록 하여 활자를 주조하는 데 도움을 주도록 하였다는 내용을 전하고 있다.

---

[33] 《太宗實錄》 5권, 태종 3년 2월 庚申(13일)條 新置鑄字所, 上慮本國書籍鮮少, 儒生不能博觀, 命置所 多出內府 銅鐵, 又命大小臣僚自願出銅鐵, 以支其用.

태종의 주자소 설치에 대해서는 권근權近(1352~1409)이 쓴 〈주자발鑄字跋〉에 보다 상세한 내용이 기록되어 있다.

영락 원년(1403) 봄 2월, 전하께옵서 좌우의 신하에게 이르시기를, "대저 나라를 다스리고자 할진대, 반드시 널리 법전과 문적을 보아야 한다. 그런 뒤에야 모든 이치를 추구하고, 마음을 바르게 하여 몸을 닦고 가도를 정연히 바로잡고, 나라를 잘 다스리며, 천하를 태평하게 하는 공효功效(공을 들인 보람이나 효과)를 가히 이룰 것이다. 우리 동방이 해외에 있어 중국의 서적이 드물게 이르고, 판각의 판본이 쉽게 훼손되며, 또 천하의 서적을 다 간행하기는 어려운 것이다. 내가 동銅으로 모를 떠서 글자를 만들고 서적을 얻는 대로 반드시 이를 인쇄하여 널리 전하게 하고자 하니, 진실로 무궁한 이익이 될 것이다. 그러나 그에 소용되는 비용을 백성에게서 거두는 것은 부당하니, 내가 종친, 훈신 등 신료들 중에 뜻있는 자와 더불어 부담하면, 충분히 성취할 수 있을 것이다"하였다. 그리고 내탕금을 다 내어주고, 판사평부사判司平府事 이직李稷과 여성군驪城君 민무질閔無疾과 지신사知申事 박석명朴錫命과 우대언右大言 이응李膺 등에게 명하시어 이를 감동監董(감독)하게 하시고, 군자감軍資監 강천주姜天霔와 장흥고사長興庫使 김장간金莊侃과 대언사代言司 주서注書 유이柳荑와 수녕부승壽寧府丞 김위민金爲民과 교서저작랑校書著作郎 박윤영朴允英 등에게 명하시어 이를 관장하게 하셨다.[34]

이렇게 권근의 〈주자발〉은, 태종이 백성을 대하는 자세와 그의 통치철학을 알 수 있도록 주자소 설치 목적을 잘 설명해 주었다. 즉, '정치인은 먼저 자기 성찰과 수양으로 수신 제가하여 치국평천하 해야 한다' 하고, '나라의 기틀을 바로 세우는 데 있어서는 무엇보다 법전과 문적을 보아야 한다'고 하였다. 그리고 태종은 주자소 설치에 소용되는 비용을 백성에게서 거둬 내는 것

"정치인은 먼저 자기 성찰과 수양으로 수신제가하여 치국평천하해야 한다", "나라의 기틀을 바로 세우는 데 있어서는 무엇보다 법전과 문적을 보아야 한다."

---

34 권근, 〈주자발〉, 《국역동문선》, Ⅷ(103권), 민족문화추진회, 1980, p.158 , 陽村集 卷22 鑄字跋.

은 부당하다면서 종친, 훈신 등 신료들 중에 뜻있는 자와 더불어 부담하면, 충분히 성취할 수 있을 것이라고 하며 내탕금을 다 내어주었다. 이렇게 주자소 설치 당시의 태종은 어디 내놔도 부끄럽지 않은 조선조 건국 군주로서 바람직한 모습을 보여준다.

그러나《태종실록》에서 볼 수 있는 주자소 설치 이후의 관련 기사는 매우 적다.

태종 10년(1410) 2월 갑진(7일) 주자소에서 처음으로 인쇄한 서적을 팔게 하였다.

- 태종 10년(1410) 2월 갑진(7일)

  주자소에서 처음으로 인쇄한 서적을 팔게 하였다.

- 태종 12년(1412) 7월 임진(9일)

  신득재申得財에게 쌀과 면포를 내려주었다. 신득재는 요동 사람인데, 화지華紙(중국 종이)를 만들어 바치매, 주자소에 내려《17사十七史》를 인쇄했으므로 득재에게 쌀 5석, 면포 3필을 내려주고 지공紙工에게 전습하게 하였다.[35]

- 태종 12년(1412) 10월 계축(1일)

  주자소에서《대학연의大學衍義》를 인쇄해 바치니, 공인 7명에게 각기 쌀 1석씩을 내려주었다.[36]

- 태종 13년(1413) 2월 기묘(30일)

  국초에 정승 조준趙浚 등이 수판受判한 것의 준수遵守할 만한 것을 찬撰하여《경제육전》이라 명목지어 바친 것을 중외에 간행하였더니, 이때에 이르러 정승 하윤 등이 그 뜻은 존속시키고 이어俚語(속어)는 제거하여 이를《원육전元六典》이라 하고, 또 상왕上王이 즉위한 이래로 경제經濟가 될 만한 것을 골라 뽑아《속육전續六典》이라 하여, 주자소로 하여금 인출하게 하고, 중외에 반포하였다.[37]

- 태종 16년(1416) 3월 기미(27일)

35《태종실록》24권, 태종 12년(1412) 7월 임진(9일).
36《태종실록》24권, 태종 12년(1412) 10월 계축(1일).
37《태종실록》25권, 태종 13년(1413) 2월 기묘(30일).

《승선직지록乘船直持錄》3백 본本을 외방의 각 도에 나누어 주니, 주자소에서 인쇄한 것이다.[38]

• 태종 16년(1416) 4월 정축(15일)
명하여 좌의정 하윤이 찬진撰進한《동국약운東國略韻》을 인쇄하여 중외에 반포하게 하였다.[39]

이상과 같이《태종실록》태종 3년(1403) 2월에 '주자소' 설치 이후《동국략운》까지 포함하면 7번이 된다. 주자소 설치 후에는 서적 인쇄 기록이 상당수 나올 줄 알았는데 의외로 드물다.

태종 이방원은 주자소를 설치하고 건국에 필요한 서적을 발간하고자 활자주조를 의욕적으로 추진하였던 왕이었다. 그런데《태종실록》에서 주자소 설치 후 첫 번째 기록은 태종 10년에 "주자소에서 처음으로 인쇄한 서적을 팔게 하였다"라는 내용이다. 주자소 설치 후 7년 만에 처음 등장하였다.

두 번째 기록은 1412년에 요동에서 온 종이 기술자 신득재라는 사람에게 쌀과 면포를 내려 주었는데, 이 기록은 그가 만들어준 종이로《17사》를 인쇄하고 종이 만드는 기술을 지공에게 전습하게 한 내용이다. 금속활자 인쇄에 있어서 첫 번째가 활자 주조이고 그다음은 종이와 먹이 가장 핵심이다. 금속활자 주조 이후에 그동안 제기되었던 금속활자 인쇄에 적합한 종이 문제가 이때 해결되었음을 알 수 있다. 그리하여《17사》를 이어서 태종 12년(1412) 10월에《대학연의》, 태종 13년(1413) 2월에《원육전》,《속육전》, 태종 16년(1416) 3월에《승선직지록》, 그리고 4월에 하윤의《동국약운》의 서적 인쇄에 관한 기록이 등장한다. 이 가운데《승선직지록》은 300부를 찍어 각 도에 나누어 주었다고 기록했는데, 주자소에서 인쇄했다고 하더라도 활자가 아니라 목판으로 인쇄한 것으로 봐야 한다.

당시 금속활자로 300부를 찍는다는 것은 매우 무리였기 때문에 아마도 목

38《태종실록》31권, 태종 16년(1416) 3월 기미(27일).
39《태종실록》31권, 태종 16년 4월 정축(15일).

판으로 찍었을 것으로 추정된다. 당시 주자소의 인쇄공들은 모두 목판인쇄의 전문가들이었고 주자소에서는 목판판각과 인쇄도 가능했다. 하륜이 저술한 《동국약운》은 주자소에서 인쇄했다는 말은 없지만, 모든 정황으로 보아 주자소에서 활자로 인쇄한 것으로 추정할 수 있다.

그런데 앞에서 살펴본 바와 같이 주자소 설치 이후 주자소 관련 첫 번째 기록은 태종 10년(1410)에 "주자소에서 처음으로 인쇄한 서적을 팔게 하였다"라는 기록이 등장한 것이다. 이는 처음으로 인쇄했다는 것인지 처음으로 판매하게 했다는 것인지 상당히 애매하다.[40] 다시 말해 '처음으로 인쇄한 서적'과 '처음으로 주자소에서 서적 판매'로 달리 볼 수 있다. 애매한 점이 없지 않지만, '주자소에서 처음으로 서적을 인쇄하였는데 이를 팔게 하였다'는 내용으로 이해해야 한다. 이는 주자소 설치 이후 처음으로 등장한 기록이고, 인쇄한 것과 판매한 것도 사실일 것이다.

분명한 것은 1403년에 주자소를 설치하여 1410년에 처음으로 서적을 간행했다는 기록이다. 그리고 첫 인쇄를 기념으로 팔게 하였던 것이다. 그러므로 1410년부터 주자소에서 서적을 판매하기 시작했다는 기록이 아니라는 것이다. 1403년에 설치한 주자소에서 1410년까지 7년 동안은 주자소 관련 기록이 한 건도 없었다. 이것은 주자소에서 활자 주조와 인쇄가 원활하게 진행되지 못했다는 것을 의미한다.

물론 주자소에서 인쇄한 모든 책이 기록될 수는 없었겠지만, 만일 주자소가 설치 이후 정상적으로 역할을 했다면 1412년에서 1416년 사이의 서적 인쇄 기록처럼 적어도 태종 4년에서 10년 사이에도 몇 차례 등장했어야 하는게 아닌가?

태종은 즉위하면서 공신과 외척 등 왕권확립에 방해가 되는 주변부터 정리하고 건국 초창기에 필요한 계획을 세워 추진했는데, 그 가운데 하나가 주

고려시대 금속활자 관련 자료만 보고 1232년 이전부터 금속활자를 사용한 국가로 만든 것은 심한 비약이다.

---

40 이정섭: 주자소에서 처음으로 서적을 인출하게 하여 그 책을 팔았다.

신승운: 처음으로 주자소에서 서적을 인출하여 팔게 하였다.

오기석: 비로소 주자소로 하여금 서적을 인쇄하여 시중에 팔게 했다.

안승준: 처음으로 주자로 찍은 서책을 팔게 하였다.

자소를 설치하여 많은 종류의 서적을 간행하는 것이었다. 그런데 주자소 설치 이후 7년 동안 소식이 없다가 겨우 1410년 처음으로 주자소 관련 기록이 등장하였다. 주자소 설치 이후 만 7년이 되어 처음으로 책을 간행했기 때문에 그 기념으로 판매한 것이다.

서적 간행에 대하여 심혈을 기울인 태종의 열정에 비하여 7년 동안 아무런 소식이 없었던 것은 그동안 주자소에서 전혀 실적을 낼 수 없었음을 의미한다. 앞에서도 언급하였지만, 주자소 설치 이후 활자를 주조하는 데 고려시대에서 전래된 활자 주조 기술이나 인쇄 기술이 없었기 때문에 활자 주조와 인쇄문제 해결을 위해, 7년의 세월이 소요되었던 것이라고 이해할 수 있다.

● 조선 최초의 금속활자와 정해자

태종 3년(1403) 2월 계미년에 주자소를 설치하였지만, 활자를 주조할 수는 없었다.

그동안 계미자가 조선조 최초의 금속활자라고 알려지게 된 것은 권근이 지은 〈주자발〉의 끝머리에 "또 경연에 소장한 고주의 《시詩》, 《서書》와 《좌씨전左氏傳》을 내서 자본字本으로 삼게 하여 그달 18일부터 주조하기 시작한 것이 수개월 사이에 수십만 자나 되는 많은 숫자에 이르렀다"[41]라고 한 것에 근거한다.

이 기록은 오래된 주자소에서 새롭게 자본을 정리할 필요도 없이 숙련된 주자공에 의해 전문주자소의 일상적인 일처럼 활자를 주조한 것으로 묘사하였다. 그리하여 1906년부터 현재까지 많은 사람들이 주자소에서 처음으로 주조한 활자는 계미년에 주조한 계미자로 알게 하였다.[42]

그러나 그렇지 않다. 《태종실록》에 〈길창군 권근졸기吉昌君 權近卒記〉가 수록되어 있는데, "권근이 병들어 누운 날부터 임금이 약藥을 하사하고 문병하지

---

41 권근, 〈주자발〉, 《국역동문선》, Ⅷ(103권), 민족문화추진회, 1980, p.158 , 陽村集 卷22 鑄字跋.

42 하야시 다이스케, 〈조선의 활판술〉, 《사학잡지》 제17편 제3호, "1906년 3월, 몇 달 동안 수십만 자를 만들었다. 이를 계미자라고 한다. 계미는 바로 태종 3년으로 이후에 수차례 개주가 이루어졌기에 활자의 종류를 구별하기 위해서 주조한 해로 이름을 붙인 것이다. 이후 모든 학자들이 따르고 있다."

않는 날이 없었다. 졸할 때 나이가 58세였다. 임금이 듣고 놀라 슬퍼하여 3일 동안 철조하고, 유사에게 명하여 상사를 돌보게 하였으며"[43]라고 할 정도로 태종이 신임하였던 조선 초기의 대표적인 유학자다. 이러한 권근이 언급하였지만 계미년에 활자 주조를 시작할 수 있었다면, 고려시대로부터 전래된 활자 주조 기술이 있었다는 것이 전제되어야 하는데 전혀 그렇지 않다.

권근이 언급한 내용은 활자 주조를 마치 떡집에서 떡을 찌듯이 주자소에서 능숙한 기술자들에 의해 단시일 안에 원하는 활자를 주조했던 것으로 되어 있다. 권근의 발문은 이렇게 사실과 달리 추정하고 쓴 매우 잘못된 발문이었다. 권근은 당시에도 매사에 너무 앞서간다는 지적을 받았다는 기록이 《세종실록》에 등장한다. 세종 12년에, "근近이 《도은집》의 서문을 지었는데 그를 극히 칭찬하였고, 또 벼슬을 추증한 뜻을 썼는데 이것은 사실이 아닌 얘기다. 계량이 근에게 묻기를, '어째서 추증하지도 아니한 사실을 썼느냐' 한즉, 대답하기를 '지금 추증했다고 쓰면 뒤에 반드시 추증될 것이다'고 하였다 하니, 이것은 큰 실언이다."[44] 이렇게 당시 권근은 매사에 자신감이 넘쳤던 사람이었다.

그는 활자 주조를 너무 과신하였다. 더욱이 《세종실록》이나 변계량의 〈주자발〉을 보면, 경자자도 7개월이나 걸렸는데[45] 처음으로 활자를 주조하는 작업인데 수개월밖에 걸리지 않았다는 것은 실상과 맞지 않은 추단이었다. 자본으로 삼은 주가 달린 《시》, 《서》와 《좌씨전》에서 주조할 활자를 종류별로 분류 정리하는 등 주조를 위한 준비 작업만도 만만찮았을 것이며, 동철을 녹이는 등의 작업이 그렇게 빠른 시간에 바로 이루어질 수가 없다.

그리고 《세종실록》에는, 주자소 설치 이후 초창기 금속활자에 대한 상황을 다음과 같이 더욱 구체적으로 언급하고 있다.

---

43 태종 9년 2월 14일 정해.

44 《세종실록》 권50, 세종 12년 11월 23일.

45 세종 4년(1422) 10월 29일, 변계량, 〈주자발〉, 《동문선》 8권, 민족문화추진회, 1977, p.166.

태종이 주자소를 설치하고 큰 글자를 주조할 때에, 조정 신하들이 모두 이룩하기 어렵다고 하였으나, 태종께서는 억지로 우겨 만들게 하여 모든 책을 인쇄하여 중외에 널리 폈으니 또한 거룩하지 아니하냐. 다만 초창기이므로 제조가 정밀하지 못하였고, 겨우 두어 장만 박으면 글자가 옮겨 쏠리고 많이 비뚤어져, 곧 따라 고르게 바로잡아야 하므로, 인쇄하는 자가 괴롭게 여겼다.[46] 하루에 찍어내는 것이 두어 장에 불과하였다.[47]

이상의 기록에서 알 수 있듯이 주자소를 설치할 때부터 조정 신하들이 모두 어렵다고 반대하였으나, 태종이 억지로 우겨 만들게 하였다는 것이다. 금속활자 초창기에 주조는 물론이거니와 하루에 찍어내는 것이 두어 장에 불과하다고 한 것을 보면 활자 인쇄도 용이치 않았다. 그것도 글자가 옮겨 쏠리고 많이 비뚤어져, 곧바로 고르게 바로잡아야 하는 등 괴로운 작업이었다. 이렇게 태종 때 시작한 주자소는 금속활자 주조나 인쇄에 대한 전래된 기술이 없는 상태에서 시작한 것이 분명했다.

그런데 성현成俔(1439~1504)의 《용재총화傭齋叢話》에 "태종께서 영락원년(1403)에 좌우에게 이르기를 무릇 정치는 반드시 전적을 널리 보아야 하거늘, 우리나라는 해외에 있어 중국의 책이 드물게 오고, 판각은 또 쉽게 깎여 없어질 뿐 아니라 천하의 책을 다 새기기 어렵다. 내가 구리를 부어 활자를 만들어놓고 필요한 때에 서적을 찍어내고자 한다. 그것을 널리 전파하면 진실로 무궁한 이익이 될 것이다. 고주의 《시》, 《서》와 《좌씨전》을 자본으로 삼아 주자를 만들었다. 이것이 주자의 시작 연유이다. 이름하여 정해자라고 했다. 세종은 경자년에 주자소에서 다시 주조했다. 정해자가 글자는 크지만 바르지 못해 고쳐 주조했는데 모양이 작지만 바르게 되어 인쇄 못할 책이 없었다. 이름하여 경자자라고 했다"[48]라는 당시의 기록이 있다.

조정의 신하들은 모두 주자소의 설치를 어렵다며 반대하였으나, 태종이 억지로 우겨서 만든 것으로 《세종실록》에 나와 있다.

---

46 《세종실록》 65권 세종 16년(1434) 7월 정축(2일).

47 《세종실록》 11권, 세종 3년(1421) 3월 병술(24일).

48 成俔, 《傭齋叢話》, 逐用古註詩書左氏傳字鑄之此鑄字所由始也,名曰丁亥字,世宗又於庚子年以所鑄之,字大而不整改鑄之,其樣小而得正,由是無書不印名曰庚子字.

이상과 같이 《용재총화》에서는 주자소에서 첫 번째 주조한 활자는 정해자라고 했다. 이 기록은 태종 10년 기록과도 자연스럽게 맞아떨어진다. 물론 태종 때 주자소를 설치하였지만, 바로 주조할 수는 없었고 태종의 끈질긴 노력 끝에 정해년(1407)에 활자 주조가 겨우 성공하였다. 주자소 설치 후 4년만이다. 그리고 활자 인쇄용 먹과 종이의 개발과 인쇄 기술을 개발하는 등 시행착오를 거쳐 태종 10년에 처음으로 책을 간행할 수 있었다. 이러한 내용은 왕조실록에 1403년 주자소를 설치하고 난 뒤 7년 동안 아무런 주자소 소식이 없었던 이유를 알게 해준다. 당시 정황에서 보아도 자연스럽다.

세종 즉위 2년(1420)에는 "정해자를 고쳐 경자자를 다시 주조하였는데, 일곱 달이 걸렸고, 사람들이 이를 편리하다고 하였으며 하루에 인쇄한 것이 20여 장에 이르렀다"[49]고 《세종실록》에 기록되어 있다. 세종은 태종의 주자소 설치와 금속활자 주조에 대해 가장 가까이에서 많이 알고 있던 사람이었다. 그리고 당시의 대제학이었던 변계량도 "처음 주조한 글자의 모양이 '아름답고 좋은 점을' 다하지 못함이 있어 서적을 인쇄하는 자가 그 공역을 용이하게 이루지 못함을 병통으로 여겼다"라고 하였다.

이 당시 주자소가 처한 여건도 좋지 않았다. 태조 3년(1394)에 한양으로 도읍을 옮겼다가 정종 1년(1399)에 개성으로 환도하였고, 태종 5년(1405)에 한양으로 재천도하였다. 주자소는 태종 3년(1403)에 개성에 설치되었지만, 그 때부터 한양으로 재천도설이 있었고, 태종 4년(1404) 9월 1일에 이직과 신극례를 한양의 이궁 조성도감 제조로 삼고 궁궐 건축을 시작한 이후 태종 7년(1407) 4월 18일까지도 공사工事가 그치지 않았음을 알 수 있다. 그러므로 주자소 역시 천도로 인한 영향을 많이 받았을 것이며, 태종 역시 주자소에는 그다지 신경 쓸 겨를이 없었던 이유 등도 주자소에서의 활자 주조 작업이 늦어진 탓으로 볼 수 있지 않을까.

이상에서 살펴본 바와 같이 태종 때 처음 주조한 활자는 순탄치 않았고

---

49 《세종실록》 18권, 세종 4년 10월 29일 계축.

계미자는 있을 수도 없었다. 태종 3년 계미년(1403)에 주자소를 설치하였지만, 전래된 주조 기술이 없어 궁리 끝에 1407년 '정해년'에 겨우 활자를 주조할 수 있었다. 결국 조선조 태종이 주조한 활자는 정해자이다.[50]

《신증동국여지비고》에도 "주자소는 선인문宣仁門 안에 있다. 태종 3년에 비로소 주자소를 두어 《고주시선》과 《좌씨전》의 자본 수십만 자를 주조했는데, 정해자라고 이름하고 권근이 발을 지었다. 세종 2년에 그 글자가 바르지 못하므로 다시 녹여서 새로 주조했다"[51]라고 하였다.

그리고 주자소를 설치하자마자 계미년에 주조한 것으로 표현한 권근의 〈주자발〉에 의해 계미자를 주장하는 사람들이 많았고 한번 잘못된 인식이 현재까지 이어지고 있다. 가장 먼저 논문으로 발표한 사람은 하야시 다이스케이다. 그는 〈조선의 활판술〉에서, "몇 달 동안 수십만 자를 만들었다. 이를 계미자라고 한다"라고 하였다.[52]

그러나 아사미 린타로는 권근의 양촌집에 실린 〈주자발〉을 인용하면서도 정해자란 이름을 사용하였다.[53] 이렇게 20세기 초기부터 '계미자'와 '정해자'라는 두 활자가 등장했지만, 모두 면밀한 검토가 없었고 조선의 금속활자를 소개하는 차원에서 작성된 것이었다.

가장 분명한 것은 1403년 주자소를 설치하고 바로 활자 주조를 시작할 수 있으려면, 고려 말이나 조선 초기에 금속활자 인쇄가 전래되어야 했지만 이미 맥이 끊어지고 없었다. 조선시대 최초의 활자는 '계미자'가 아니라 '정해자'가 틀림없다. 위와 같이 태종3년(1403) 계미자는 주조될 수 없었고, 1407년

---

50 張志淵(1864~1921), 韋庵文稿(한국사료총서 제4집), 韋庵文稿 外集 卷之七, 漫筆, 鉛銅活字之始創, 本朝太宗, 患書籍之未廣, 命鏤銅字以印刷, 此活字之始, 而命之曰丁亥字者是也, 實世界之先芧也, 嗣後代有鑄字, 印布書籍, 極甚便利, 此我鮮文明之可以誇張於世界者, 대한민국임시정부자료집 별책 3, 93권 《독립공론》 제3기, 〈한국문화의 대외적 공헌〉, '태종대에 주조된 활자를 정해자라 한다.'

51 《신증동국여지비고》 제1권, 《국역동국여지승람》 I, 민족문화추진회, 1978, 경인문화사, p.230.

52 하야시 다이스케, 《사학잡지》 제17편 제3호, 1906년 3월, pp. 277~278, 이외에도 小田幹治郎, 〈조선활판의 연혁〉, 《朝鮮彙報》 36號, 대정 7년(1918) 1월호, p.96에는, 《태종실록》 태종 3년의 주자소 설치 기사와 권근의 발문을 소개하고 계미자라고 한다. 계미년에 주조한 것으로 보았다. 그리고 金瑗根, 〈朝鮮活字考〉, 《서울》 제7호, 한성도서주식회사출판부, 1920. 10., p.63에서는 정해자丁亥字와 계미자癸未字를 모두 소개하고 있다.

53 淺見倫太郎, 《朝鮮及滿洲》 51호, 〈조선의 활자〉, 1912, p.28.

156

정해자가 처음으로 주조되었고, 1410년에 처음 인쇄성공 기념으로 책을 팔았다고 생각한다. 이마저도《세종실록》이나 변계량의 주자발을 보면, 인쇄공이 인쇄할 때마다 매우 괴로워했다. 그리하여 이를 녹여 세종 2년(1420) 경자자를 만들었고, 1434년에 갑인자 주조가 성공하여 조선시대 금속활자의 전성기를 열게 되었다.

우리나라의 금속활자에 대한 국제적인 관심과 연구

19세기 말~20세기 초기 우리나라는 국가의 운명이 쇠멸해가는 풍전등화와 같은 위급한 상황에 처했고 마침내 한일합병을 당하면서 한국의 존재감은 형편없는 지경으로 떨어졌다. 당시 우리나라는 고려시대 금속활자에 대해서는 학문적인 기초나 상식도 없었고 국민적 관심분야에서 한참 벗어나 있었다. 이러한 암울한 시기에 우리나라 금속활자의 발명과 사용에 대한 논의가 시작되었는데, 1882년부터 영국의 외교관 어니스트 사토Ernest Satow(주일 영국 외교관)를 비롯하여 프랑스인 E. 플로시Plauchut, 모리스 쿠랑(주한프랑스 공사관 통역), 일본인 아사미 린타로, 마에마 교사쿠前間恭作(전 통감부 통역관), 오다 미키지로小田幹治郎, 독일인 헤르만 휠레Hermann Hülle, 미국인 토머스 카터Thomas F. Carter 등은 한국이 세계 어느 나라도 흉내 낼 수 없었던 문화적인 자존감을 지니고 있는 국가임을 부각시켜 주었다. 그리하여 이들은 자기의 모국어인 영어, 프랑스어, 독일어, 일본어로 금속활자에 대한 논문을 발표하여 세상의 관심을 촉진시켜 주었고, 한국 고서 수집에 열을 올리게 만들었으며, 선교사 등 많은 사람들이 한국을 방문하는 데 길잡이 역할을 했다. 그들은 한국에서 보고 들은 내용으로 단행본을 간행하여 세계인들의 관심을 촉발시켜 주었다.

특히 한국 고서에 대해서는 일본인이 중심이 되어 서물동호회[54] 등을 통하여 한국 고서를 영인·발간하여 연구하고 수집도 게을리 하지 않았다. 일반적으로 이러한 일본인의 행적은 식민통치와 연결시켜 보는 경향이 있다. 그러나 회원들 가운데 긍정적이고 양심적인 학자들이 있는데, 이들은 한국의 고서에 대해 연구하여 학문적인 업적을 쌓았고, 수집한 고서들은 세계 각국의 도서관에서 소중하게 전래되고 있어 한국의 문화적인 위상을 높게 한 것은 매우 고무적인 일이었다.

구한말부터 한국 고서에 대해서 각국의 학자들이 언급한 논문을 살펴보면, 다음과 같다.

어니스트 사토[55]

어니스트 사토(1843~1929)는 1882년 두 편의 논문을 발표했는데, 바로 〈일본 인쇄의 초창기 역사〉와 〈한국의 활자에 대한 추가 원고와 초기 일본에서 인쇄된 책들〉이다. 첫 번째의 〈일본 인쇄의 초창기 역사〉[56]는 일본 인쇄문화를 이야기하는 것 같으면서도 조선의 금속활자에 대해 상당한 분량을 할애하여 한국 인쇄문화의 우수성을 애정을 갖고 언급하였다.

어니스트 사토는 논문에서 조선의 금속활자에 대해 상당한 분량을 할애하여 한국 인쇄문화의 우수성을 애정을 갖고 언급하였다.

활자를 사용한 인쇄는 11세기 중엽 송나라 시대에 중국에서 유래한 것으로 전해진다고 하지만, 지금까지도 이를 확증할 어떤 증거도 찾지 못했다. 한국에서는 15세기 초에 동판 활자가 발명되었다. 설사 그들이 발명하지 않았다 하더라도 그들이 금속활자를 사용한 시기가 들어 있는 책들을 조사해보면 적어도

---

54 이현희, 〈1930~40년대 서물동호회의 활동과 조선인식〉, 《동방학지》 제171집, 2015. 09., pp.253~291, 1937년 설립. 1920년대 중반 경성제대 도서관 종사자들이 주도하여 창립한 조선도서관연구회의 주요 인사들이 참여·조직한 모임. 조선과 관련된 각종 서적을 조사·수집하고, '조선 서적'에 대한 고찰을 통해 조선의 범주를 고민하였다. 조선을 정체된 사회로 바라보면서 조선학 연구의 한 거점으로 삼고 주체적 조선학을 모색하였다. 이러한 가운데 서물동호회에 참여한 조선인은 그 학문적 계보를 불문하고 고유섭, 최남선, 송석하, 조윤제, 방종현, 이인영, 이성의, 김두종 등이 참여하였다. 주로 서지학 분야에서 '과학적 연구'를 통해 일본인과 경쟁하며 조선학을 새롭게 규정하고자 하였다.

55 藤本幸夫, 〈일본고활자판과 조선 및 서양인쇄술〉, 《新村出記念論文集》, 2016. p.126, 〈일본에 현존하는 한국 전적에 대하여〉, 《일본 소재 한국문화재의 연구와 활용》, 국외소재문화재단, 2016. p.77. 1863년부터 주일본 영국공사에서 일본어 통역 및 번역 업무를 시작하여, 1881년 영국의 왕세자가 방일했을 때 통역을 담당하였고, 일본어와 역사지식으로 극찬을 받았다. 1895~1900년에 일본 공사를 지냈고 1900~1906년에는 청국 공사를 지냈다. 그는 1878년 난파한 영국 선박에 대한 조선 측의 배려에 감사를 표하기 위해 제주도와 부산에 파견되었고, 이동인, 김옥균, 박영효 등과 접촉했으며, 조선 지명표와 조선인 도공에 관한 논문을 썼다.

56 〈On the early history of printing in Japan〉, Transactions of the Asiatic Society of Japan, vol. X, part Ⅱ, 1882. pp.48~83.

그 점은 확실하다. 도쿠가와 장군德川將軍도서관에는 한국 활자로 인쇄된 책이 23권이나 있었다. …… 이들 책과 관련해서 가장 흥미로운 것은 그중 몇몇은 아주 초기에 쓰여졌다는 사실이다. 《손자십일가주孫子十一家註》는 1409년, 《역대장감박의歷代將鑑博議》는 1437년, 《십팔사략十八史略》은 1434년에 인쇄되었다. 그런데 이들 책보다 오래된 것으로 보이는 《표제구해공자가어標題句解孔子家語》는 주석이 달린 판으로 3권으로 된 중국책판의 번각본이다. 제3권의 25장에는 '연우정사 진실부 각우 정일서사延祐丁巳陳實夫刻于精一書舍'라는 간기 즉, 1317년 정일서사에서 진실부가 간행한 것이다. 그다음에는 《신간소왕사기新刊素王事紀》가 합철되어 있다. 이 책은 첫째 장에 목차부터 등장하고 그 끝에 '소정갑자素定甲子(1324) 추秋 창암서원간蒼巖書院刊'이라고 1324년에 창암서원에서 간행했다는 간기가 나온다. …… 그 책을 언급한 중국인과 한국인의 의견을 감안하고, 재판에 대한 일반적인 관행에 대해 전술한 사항들을 고려해볼 때 나는 우리가 실제로 지금까지 이 책들을 우선 1317년에서 1324년에 간행된 것이라고 생각한다. 이 책은 세계의 인쇄 역사에서 가장 중요하다. 왜냐하면 인쇄 날짜가 최소한 유럽에서 인쇄된 126년 이전일 뿐만 아니라, 《표제구해공자가어》본을 인정한다면 133년이 빠른 셈이 되기 때문이다.

하지만 우리는 여전히 이 책이 한국이나 중국에서 만들어진 것 중 최초가 아닐 가능성이 있다. 다른 나라 사람들에게 한국이 문호를 개방하면 지금까지 전혀 알려지지 않은 다른 고서적을 발견할 수 있을 것으로 기대한다. 이 책은 대부분 활자로 인쇄되었다는 것은 전혀 의심의 여지가 없다. 그 첫 번째 판단 근거는 글자 자체의 불규칙성이다. 두 번째 기준은 페이지마다 둘러진 테두리의 각 모서리 부분의 간격이다. 세 번째 기준은 도해가 들어간 페이지들 사이에 드러난 뚜렷한 모양 차이다. 당연히 목판으로 된 것들과 활자로 찍힌 것과 구분이 된다.

내가 이미 제안한 바와 같이 한국을 면밀히 조사해본다면 새로운 책이나, 아마도 일본에서 아주 조심스럽게 보존되고 있는 것들보다 더 오래된 책들을 발견할 수 있을 것이다.

그의 두 번째 논문인 〈한국의 활자에 대한 추가 원고와 초기 일본에서 인쇄된 책들〉[57]에서, 태종이 1403년 주자소를 설치하면서, '통치를 열망하는 자는 누구든 반드시 책에 대한 해박한 지식을 갖추어야 할 것이다'[58]라며 소개하였다. 이어서 "내가 이미 제안한 바와 같이 한국을 면밀히 조사해본다면 새로운 책이나 아마도 일본에서 아주 조심스럽게 보존되고 있는 것들보다 더 오래된 책들을 발견할 수 있을 것이다"[59]라고 하였다.

이러한 어니스트 사토의 논문은 그 이후에도 모리스 쿠랑, 헤르만 휠레, 토머스 카터 등 세계의 지식인들에게 한국의 금속활자 인쇄에 대한 관심을 증폭시키기에 충분했다. 고려시대 금속활자 인쇄가 이보다 더 이전으로 거슬러 올라갈 가능성이 높다고 예견한 사토의 대단한 통찰력이라 할 수 있다.

사토는 한국의 인쇄문화를 서방세계에 널리 알리고자 하였던 최초의 인물이었다. 후지모토 유키오는 어니스트 사토를 다음과 같이 소개했다.

> 1878년 11월에는 난파한 영국 선박에 대한 조선 측의 배려에 감사를 표하기 위해 제주도와 부산에 파견되었던 적이 있고, 이동인으로부터 조선 소설을 교재로 조선어를 배웠고, 김옥균, 박영효, 이하영 공사 등과 접촉이 있었다. 그는 조선 지명표와 사쓰마의 조선인 도공에 관한 논문을 썼다.[60]

모리스 쿠랑

모리스 쿠랑Maurice Courant(1865~1935)은 1901년 《한국서지》 서론에서, "한국에 오래 체류한 거류민까지도 한국에 책이 있다는 사실을 알지 못하고 있으며, 중국 책으로 생각한 것 중 십중팔구는 한국에서 인쇄된 것이라는 사실을 증명하는 데는 대단한 검토가 필요하지도 않다. 본문에 적힌 내용 외에도 책의 크기, 질기고 질이 좋은 종이 등 외형적인 표시들이 중국으로부터 온 책들과 혼동되지 않도록 하는 것이다"라고 밝혔다. 그의 한국 책에 대한 안목은 대단

---

57 ERNEST SATOW, 〈Further notes on movable types in Korea and early Japanese printed books〉, Transactions of the Asiatic Society of Japan, vol. X, part II, 1882, pp.252~259.

58 권근, 〈주자발〉, 《국역동문선》, VIII(103권), 민족문화추진회, 1980, p.158, 陽村集 卷22 鑄字跋.

59 ERNEST SATOW, 〈Further notes on movable types in Korea and early Japanese printed books〉, Transactions of the Asiatic Society of Japan, vol. X, part II, 1882, p.255.

60 藤本行夫, 〈일본고활자판과 조선 및 서양인쇄술〉, 《新村出版記念財團 記念論文集》, 新村記念財團, 2016. 05., pp.127~128.

태종이 주자소를 설치했지만 활자 주조를 위해 필요한 고려시대의 주조 기술이나 인쇄 기술이 없었다.

했다. 그 당시 모리스 쿠랑은 이 나라의 지적 특성을 재구성하려고 노력했으며, 극동문화에서 그 위치를 밝히는 데 성공적이었으면 하는 바람을 갖고 이 책을 저술했다. 어느 시대의 한국 책이건 종이의 질은 부드럽고 목면 같은 특성을 지녀 아주 얇은 종이의 가장 오랜 고서도 세월을 잘 견딘다고 밝혔다.

또한 그는 《한국서지》의 《직지심체요절》에 대한 해제에서, "1377년 청주목외 흥덕사에서 주조된 활자로 인쇄되었다. 이 내용이 정확하다면, 활자의 발명을 공적으로 삼는 태종의 명(1403년의 주자소 설치)보다 26년가량 앞서 사용된 것이다"[61]라고 하여 처음으로 소개하고 있다. 이 책은 콜랭 드 플랑시가 수집하여 프랑스 국립도서관에 기증하였던 책이다. 그러나 모리스 쿠랑은 당시 이 책이 금속활자본이라는 확신은 갖지 못했던 것으로 보인다.

하야시 다이스케

하야시 다이스케林泰輔(1854~1922)는 1906년 《사학잡지》에 발표한 〈조선의 활판술〉[62]에서, "조선의 상고에 해당하는 삼국시대의 문화가 한때 매우 융성하여 우리나라(일본)에도 영향을 끼쳤음은 잘 알려진 사실이다. 그 후 무수히 성쇠를 거듭하며 수백 년을 거쳤으나 근세 이조에 흥하기까지 결코 경시할 수 없는 것이 있다. 나는 그중에서 금속활자 주조와 언문 제작을 이조 오백 년 동안의 이대위업二大偉業으로서 세상에 소개하려 한다"라며 활판술을 소개했다.

그리고 그는 《고려사》의 〈백관지〉 중 공양왕 4년의 기록을 인용하여 소개하고 "물론 혁명이 목전에 있고 국가 소란이 극심한 때였으므로 충분히 성공하지 못하였으리라"고 부언했지만, "고려 말에 이미 활자판이 있었음은 분명하다"고 하였다. 이 말은 후대에 오면서 고려시대는 중앙정부가 금속활자를 주조하고 소장하였다고 공공연히 주장할 수 있는 근거를 제공하기도 했다.

한국의 문화는 대개 중국에 연원하지 않은 것이 없다. 그러나 활판술만큼은

---

61 모리스 꾸랑, 이희재 번역, 《한국서지》, 일조각, 1994, p.847.
62 林泰輔, 〈朝鮮의 活版術〉, 《사학잡지》 제17편 제3호, 1906. 3. pp.276~285.

중국보다 진보하였으니 기이하다고 볼 일이다. 중국에서는 송나라 경력 연간
에 필승이 처음 진흙으로 글자를 새겨 활판을 만든 것을 기원으로 보지만 글
자가 대부분 정교하지 못했고 부서지기 쉬웠다. 원나라 때는 철·진흙·주석
등의 활자가 있었는데 몹시 불편하여, 의주 정덕현 윤시방은 목제 활자를 이
용했지만 흥하지 못하고, 명나라 초까지 아무런 진보를 보지 못하였다. 조선에
서는 이때 이미 동제 활자가 있어 여러 차례 개주를 거치며 매우 정교해져서
중국 활자를 훨씬 뛰어넘었다. 그 후 명에서는 정덕 연간에 비릉毗陵 사람이 납
으로 활자를 만들었는데, 융경 연간에 무석無錫 사람이 태평어람을 인쇄하는
데에 5년 동안 겨우 열에서 한둘을 얻었다고 할 만큼 진보가 없었다. ……
이상의 사실에 비추어 보면, 인쇄술사에서 조선인의 공적은 해외 여러 나라에
크게 자부할 만하지 않은가.

그런데 근래에 서양은 물론이요, 우리나라와 중국에서도 활판술이 굉장한 진
보를 이룩해 수십 년 전과 비교해 하늘과 땅 차이다. 조선만이 여전히 구태에
안주하여 해외 여러 나라와 함께 진보를 다투지 못한 것은 참으로 아쉬운 일
이다.

이렇게 다이스케는 조선의 활자술을 안타깝게 생각하였다. 아무나 할 수
없는 말이었다. 그는 한국의 역사와 문화에 대해 대단한 식견을 지닌 사람이
나, 조선의 금속활자 인쇄는 오직 태종 3년의 주자소 설치를 그 시작으로 생각
하였고, 고려시대 금속활자에 대해서는 관심을 두지 않았던 것으로 보인다.

윌리엄 그리피스

윌리엄 그리피스William E. Griffis(1843~1928)는 1907년 《은자의 나라 한국Corea,
The Hermit Nation》에서, "증거를 확실히 댈 수 있는 것으로 한국에서 책이 인쇄
된 것은 서기 1317~1324년 사이인데 이는 유럽에서 최초로 인쇄된 책보다
1세기 이상이나 앞서고 있다"[63]라고 하며 사토의 논문을 소개했다.

주자소에서 첫 번째 주조한 활
자는 1407년의 정해자이다. 태
종 10년(1410) 활자 인쇄에 겨우
성공하였다.

아사미 린타로

아사미 린타로淺見倫太郎는 1909년《조선》에 실린 〈고려시대의 활판 사적〉[64]에서 정도전의 〈치서적포시병서置書籍鋪詩並序〉를 인용하여 소개하고, 이어 이규보의 〈신인상정예문발미〉의 내용을 인용하여 소개한다. 그러고는 이규보의 글에 이미 활자 사용이 있었음을 알 수 있다고 언급하면서 고려는 적어도 1200년대 초에 활자 몇 가지를 보유하고 있었던 것이라고 단언한다. 그리고 메이지 34년(1901)에 출판된 하야시 다이스케의《조선근세사朝鮮近世史》가《고려사》의 〈백관지〉 중 공양왕 4년의 기록을 인용 소개하였고, 미국인 조 비버 존스는 어니스트 사토의 아세아협회 연설 등을 인용하여 한국 활자의 발달을 서술하였다면서 우리나라 금속활자에 대한 국제 학계의 관심을 소개하였다.

이어서 그는 1912년《조선급만주朝鮮及滿洲》에 발표한 〈조선의 활자〉[65]에서 "조선에서 500년 이래 조선 정신을 가장 명쾌히 나타낸 것을 꼽으면, 세 가지가 있다.

첫째는 서적 인쇄가 선명한 것, 둘째는 간결 무비한 언문을 완비한 것, 셋째는 활자 사용의 발달에 있어 세계에서 앞서나간 것이 그것이다. ……500년 이래 정교한 동활자를 보유하고 그 사용을 발달시켜 목판을 종속물로 만든 현상은 중국과 유럽에서도 그 예를 찾아볼 수 없다"라고 하였다.

아사미 린타로는 "《상정예문》의 발미를 지은 연대는 명확하지 않으나 이규보의 만년, 몽골군에 의해 개성이 유린당하여 강화도로 천도한 시대임은 그 내용으로 미루어 명백하므로 고종 19년 임진년(1232)부터 이규보의 몰년, 즉 고종 28년 신축년(1241)까지 10년 사이로 논정論定할 수 있다. 따라서 이 시대에 활자를 사용하고《상정예문》28부를 인쇄했음이 명백하다"라고 하여 고

아사미 린타로는 "조선에서 500년 이래 조선 정신을 가장 명쾌히 나타낸 것을 꼽으면 세 가지가 있다. 첫째는 서적 인쇄가 선명한 것, 둘째는 간결 무비한 언문을 완비한 것, 셋째는 활자 사용의 발달에 있어 세계에서 앞서나간 것이다"라며 조선 활자의 우수성을 말했다.

南明泉和尙頌證道歌

63 신복룡 역주, 《은자의 나라 한국》, 집문당, 1999, p.112(Wiliam E. Griffis, Corea: the Hermit Nation, New York, 1907.). 그리피스는 일본 동경대학 교수로 있으면서 《은자의 나라 한국》, 《한국이 일본에 끼친 영향Reviews on the Influence of Korea upon Japan》, 《한국에 대한 일본의 부채Japanese Debt to Korea》 등을 발간했다. 1900년 왕립아시아학회 한국분회 명예회원이었고, 유럽인의 한국 연구에 길잡이 역할을 한 미국인 목사이며 동양학자이다. 그는 한국의 입장을 대변하는 입장에서 책을 저술했다.
64 淺見倫太郎, 《朝鮮》 19호, 〈고려시대의 활판사적〉, 1909. 9., pp.21~23.
65 淺見倫太郎, 《朝鮮及滿洲》 51호, 〈조선의 활자〉, 1912, pp.26~29.

려 고종 때 금속활자를 사용하여 《상정예문》을 간행했음을 발표하였다.

이처럼 그는 우리나라에서 오랫동안 고려시대 금속활자 발명이 늦어도 1232년 고려 정부가 강화도로 천도하기 이전이라고 생각하도록 하는 데 가장 큰 영향을 끼친 사람이다.

아사미 린타로는 태종 때 주자소를 설치하고 동을 규범으로 활자를 만들어 정해자란 이름을 붙였다면서, 이것을 가지고 세종 2년에 개주가 이루어져 경자자라고 부른다고 언급했다. "경자자 이후 안평대군에게 명해 글씨를 쓰게 한 것이 임신자이고, 세조 즉위에 이르러 다시 이를 개주해 강희안에게 명해 글씨를 쓰게 한 것이 을해자이다. 그리고 다음은 정난종 글씨의 을유자이다"라고 조선시대 금속활자에 대해서 개관하였다.

마에마 교사쿠

마에마 교사쿠前間恭作(1868~1942)는 1914년에 《도서관잡지》에 발표한 〈조선의 판본〉[66]에서, "중국 인쇄술이 조선에 들어와, 조선인의 손을 거쳐 어떻게 변화하고 조선판이란 것이 생겨나게 됐는지 생각해볼 때, 조선에서는 인쇄용지로 그 나라 고유의 닥나무로 만든 견치堅緻한 종이가 반드시 사용되는 점, 각판에 적합한 견치한 목재를 중국보다 비교적 용이하게 얻을 수 있는 점(오늘날 조선에서 각판은 대추나무, 배나무 또는 벚나무를 이용하며, 활자에는 화양목을 사용한다), 그리고 인쇄 부수가 적기 때문에 중국판보다 주의를 기울여 인쇄하는 경향이 있다는 점, 이 세 가지에서 조선판의 특색이 생겨난 듯합니다"라고 언급했다.

그리고 "조선판 가운데 활자판은 이러한 일반적인 가정과는 약간 다르게, 완전히 조선인의 창의로 이루어진 듯합니다. …… 주자의 기원은 유럽의 활자보다 250년쯤 앞선 것이 됩니다"라고 하여 조선이 금속활자 선진국임을 확신하고 있었다.

---

66 前間恭作, 《朝鮮의 板本》, (圖書館雜誌 20~22號, 1914), 寶蓮閣 影印本, 1978, pp.36~39.

어윤적

어윤적魚允迪(1868~1935)은 1915년 발행한《동사연표》에 고려 고종 21년(1234) "주자로《상정예문》28부를 인쇄했다"[67]라고 한 줄로 소개했다.

조선총독부 박물관의 활자 설명 판

1915년 조선총독부박물관이 개관되었는데, 그곳 진열실의 '조선 활자의 연혁과 인쇄법'이란 활자 설명 판에, "고려 때 이미 활판인쇄술이 시작되어, 공양왕 4년(1392)에 서적원을 설치하고 활자를 만들어 서적을 인쇄한 것이《고려사》에 보인다. 그 창시는 약 700년 전으로, 서양의 활판에 200여 년이 앞선다"라고 되어 있었다. 당시 이미《고려사》에 등장하는 서적원 설치에 관한 내용은 알려져 있었다. 이는 조선총독부박물관의 진열실에서 박물관 전시를 관람한 오다 미키지로(1875~1929)가 활자 설명 판을 베껴 쓴 필사본이 전해지고 있다.[68]

오다 미키지로[69]

1918년 1월 오다 미키지로小田幹治郎는《조선활판의 연혁》에서 "일찍이 활판이 있었는데 그 기원은 아직 상세하지 않으나, 고려 고종 때 이미 활자로 서책을 인쇄한 일이 있다. 즉 고종 때 문하평장사門下平章事인 이규보의 시문집《동국이상국집》에 〈신인상정예문발미〉라는 글이 있다. 이 책은 이규보의 아들 이함이 엮은 것으로 고종 28년에 책으로 완성하여 같은 해 상재하고 38년에 보정을 거쳐 중간한다. 문장 중에 '용주자인성이십팔본用鑄字印成二十八本'이라고 나와 있으므로 이 인쇄가 활자를 이용한 것임을 의심할 수 없으며, 또한 주자라는 것으로 보아 금속이었음을 추정할 수 있다.

그리고《상정예문》은 최우가 진양공에 책봉된 고종 21년(1234)부터 이규

19세기 말, 20세기 초 영국, 프랑스, 일본, 독일, 미국의 학자들에 의해 한국의 금속활자가 연구되었다.

---

67 魚允迪,《東史年表》, 寶文舘, 1915. p.358. 用鑄字印祥定禮文二十八本

68《日本 宇治市 萬福寺》필사본의 내용으로 그의 전집에 수록되어 있다. 오다 미키지로는 당시 총독부 사무관이었는데, 해인사 대장경판을 조사하고 조사 보고서를 최초로 작성한 사람이다.

69 朝鮮總督府,《高麗板大藏經 印刷顚末》, 1931. 1915년 9월 11일 기록. 오다 미키지로는 1915년 데라우치 마사타케 총독이 해인사에서 대장경판을 인출할 때 경판의 전수조사를 했던 총독부 참사관실 사무관이었다.

南明泉和尙頌證道歌

165

보의 몰년 28년(1241) 사이에 인쇄되었다"[70]라고 발표하였다. 오다 미키지로 는 〈신인상정예문발미〉에서 간행연도 추정을 다른 사람들과는 달리 가장 합 리적으로 설명하였다.

그리고 태종 3년(1403)의 주자소 설치와 권근의 〈주자발〉, 변계량의 〈주자 발〉, 김빈의 〈주자발〉, 계미자에서 정리자까지 관련 자료를 소개하였다. "당시 충독부에 보존하고 있는 활자는 53만 7,247개이고 목활자는 34만 7,172개라 고 하였다. 이 활자들은 한일합병 때 마구 뒤섞여 먼지와 함께 창고 한구석에 넣어졌는데, 몇 년 전에 이를 세척하여 활자 종류를 구분하고 재래在來의 궤를 수리하여 이것을 담았다. 강희자전 순서에 따라 배열하고 따로 자수字數(목록) 를 작성하여 활자마다 수를 기록해서 수시로 사용할 수 있게끔 되었다.

운현궁활자는 약 8만으로 지금은 이준李埈 공 댁에 소장되어 있다." 미키지 로는 활자를 정리하고 활자 제조법과 인쇄법에 대해서도 언급하였다.

김원근

김원근金元根(1907~1948)은 1920년 "고종 19년에 주자를 사용하여《상정예문》 28본을 인쇄하여 관사에 보관하다"라는 〈신인상정예문발미〉의 내용을 소개 한다. "공양왕 4년에 서적원을 설치하고 활자를 제조하여 서적을 인쇄하다" 라고 했다. 그리고 이어서 조선조의 금속활자를 간략하게 소개하였다.[71]

헤르만 휠레

독일의 프로이센 국립도서관 동아시아 분과 감독관이던 헤르만 휠레Hermann Hülle는 1923년《중국에서의 활자 인쇄술과 한국에서의 그 발전에 관한 역사 The history of Chinese typography and its development in korea》[72]라는 15페이지 분량의 책에서, "11세기 중국 사람에 의한 활판인쇄술의 발명에 대해 독일제국의 더

---

[70] 小田幹治郎, 〈조선활판의 연혁〉, 《朝鮮彙報》 36號, 대정 7년(1918) 1월.

[71] 金瑗根, 〈朝鮮活字考〉, 《서울》 제7호, 한성도서주식회사출판부, 1920.10., p.62.

[72] 헤르만 휠레,《중국에서의 활자 인쇄술과 한국에서의 그 발전에 관한 역사》. 카터가 1925년에 발행한《인쇄문 화사》 서문에 언급된 것을 추적하여 휠레의 책을 구했다.

넓은 지역에 동시대적으로 전달하고, 또한 이 발명이 한국, 중국, 일본의 옛날 구리활판인쇄술에 의미 있는 영향을 끼쳤음을 언급하기 위함"이라고 하였다. 그리고 첫 페이지에서, "독일의 장인 요하네스 구텐베르크가 마인츠에서 문자인쇄를 발명하기 훨씬 전에, 그리고 인쇄된 책들의 빠른 생산과 넓은 보급이 서양 국가들의 정신적 삶에 엄청난 도약을 가져오기 오래전, 이미 극동 나라에서는 서적이 인쇄되었다. 1041~1048년 필승이라는 남자가 흙으로 구워 활자를 만들어 간단한 도구들을 이용해 크게 번거롭지 않게 활판을 만들었는데, 이것이 활판인쇄의 시초로 보고 있다"라고 하였다.

> 활자 인쇄술은 심괄에서부터 시작되었고 양치에 의해 완성되었다. 하지만 이 활자들의 대부분은 쉽게 부서지고 충분히 오래 가지 않는 점토활판이었다. 그런데 100년 후 한국에서 구리 활자의 주조가 시작되었다. 사토는 이제 더 나아가 한국 활판인쇄에 대한 이 오래된 증언을 반박 없이 완전히 보장받을 수 있게 되었다.

그리고 1403년 태종이 주자소를 설치할 때, "지배하려는 자는 책과 많이 친해져야 할 것이며 책을 접함으로써 근본을 익히고, 자기 자신을 완성시키며, 본인과 가족의 안위를 성공적으로 지키고 나라를 잘 다스리고 평화를 이룰 수 있다. 인쇄비용 부담을 백성들에게 짊어지게 할 수는 없으니 나와 내 가족 그리고 이번 일에 관심 있는 관료들이 충분히 비용을 댈 수 있을 것이다"라는 내용을 소개하였다.

그리고 "일본에서 가장 오래된 활판인쇄와 조선의 활판인쇄를 서로 비교해보면 일본의 활판인쇄가 16세기 말 도요토미 히데요시 군대가 조선을 침략하고 조선에서 가져온 수많은 구리 활판을 본보기 삼아 시작되었다는 점을 알 수 있다"고도 언급했다.

이상과 같이 1923년에 헤르만 휠레는 한국의 문화적인 위상을 한껏 높이는 등 한국의 금속활자 인쇄를 상당한 수준으로 이해하고 우호적인 자세로 기록하였다.

활자를 주조하여 서적을 인쇄하는 것은 우리나라에서 창조한 것이고, 중국에 있었던 것은 아니다.

토머스 카터

토머스 카터Thomas F. Carter는 1925년에 쓴 《인쇄문화사The invention of printing in China and its spread westward》의 서문에서 "1923년에 휠레 박사가 15페이지 분량의 소책자인 《중국에서의 활자 인쇄술과 한국에서의 그 발전에 관한 역사》에서 개관을 분명하게 기술하여 출판하였다. 그리고 물론 당연한 것이지만, 일본인의 저작은 일본 인쇄술의 발전과 함께 이에 관한 어느 정도의 중국 문헌과 특히 조선 문헌을 상세히 다루고 있다. 불행히도 이 책은 중국어와 일본어로만 이용되고 있다"[73]라고 언급하였다. 이렇게 우리나라를 중국이나 일본의 아류로 취급하고 있는 시류는 현재까지 이어지고 있지만, 이미 국제사회에서 한국에 대한 잘못된 인식 태도를 꼬집어주었다. 그 당시 세계인들에게 한국은 미개발국가 가운데 하나였지만, 그나마도 한국이 세계 최초의 금속활자 발명국이라는 놀라움에서 언급한 것이다.

이 책의 제23장 〈한국에 있어서 활자 인쇄술의 광범한 사용〉에서는 "조선조의 국왕들은 강력한 통치자였을 뿐만 아니라 동시에 학문의 후원자였다. 이 시기에 바로 조선은 인쇄술에 있어 세계를 선도하고 금속활자의 사용을 고도로 발전시켰다. …… 금속활자에 관한 초기의 기술은 원 지배하에 있던 그 시대 이전으로 소급된다. 1241년 이규보가 세상을 떠났던 바로 그해 활자를 사용하여 《상정예문》 50권 28부를 출판하였다"고 언급하였다.

그리고 어니스트 사토의 논문에서 《표제구해공자가어》, 모리스 쿠랑의 《직지심체요절》, 그리고 1392년에 활자 주조와 서적의 인쇄를 맡았다는 서적원의 기록 등을 《상정예문》 간행에 대한 신뢰의 근거로 활용하였다.

나카야마 규시로

동경대학 교수였던 나카야마 규시로中山久四郎는 1930년에 발행한 〈조선인쇄사〉[74]에서, "조선 활자의 시작이 어느 시대인지 자세하지 않지만, 《고려사》 〈백

---

73 Thomas F. Carter, L.C. Goodrich 改訂 《The invention of printing in China and its spread westward》, 1925(초판), 1931(재판), 1955(개정판)이 있다. 일본 번역판(藪内 淸, 石橋正子 譯註, 《中國의 印刷術》, 平凡社, 1984.)과 한국 번역판(강순애, 송일기 공역 《인쇄문화사》, 아세아문화사, 1995.) 서문 참조.

관지〉에 서적원을 설치하고 활자의 주조와 서적의 인쇄를 관장하도록 하였다"라는 내용을 인용하고 "혁명이 눈앞에 닥친 국가동란의 결렬한 시기였으므로 활자사업은 뜻대로 성취되지 않았을 것"이라고 하였다.

조선의 활판은 서양 활판의 시초보다 약 반세기 앞선 역사를 지니고 있다. 게다가 이 동활자가 조선인의 창안으로 만들어진 것은 이수광의 《지봉유설芝峰類說》에서 알 수 있다고 하였다.

> 활자를 주조하여 서적을 인쇄하는 것은 우리나라에서 창조한 것이고, 중국에 있었던 것은 아니다. 또한 조선판 《간재집簡齋集》의 발문에서, 활자인쇄의 방법은 심괄에서 시작되었고 양유중에 의해 완성되었다. 하지만, 이 활자들은 도토를 구워 만들었기 때문에 쉽게 깨지고 오래가지 않았다. 백년 후에 우리나라에서 신지神智에 의해 동으로 활자를 만들어 오래 보존토록 하였다. 이 활자는 우리 왕조에서 시작되었다.

이와 같이 중국의 활자판법이 조선에 전래되어 개량된 것으로 봐야 한다. 그러면서 조선 활자는 송·원의 중국 활자보다도 우수한 것이므로 적어도 이점에 있어서 조선인은 청출어람의 명예를 가졌다고 하였다.

그는 조선조 금속활자에 대해서는 비교적 정확한 이해를 갖고 각 시대별 활자의 기원과 연혁을 친절하게 소개하였으나 고려시대 금속활자 주조설은 모르고 있었는지 아무런 언급이 없다.

경성제국대학도서관에서 행한 '조선 활자 인쇄 자료전'

1931년의 고려시대 금속활자에 관련된 자료가 처음으로 전시되었는데, 당시 〈전관목록展觀目錄〉에는 초기 활자본 관련 자료가 소개되어 있다. 먼저 《동국이상국집》의 〈신인상정예문발미〉에 "주자를 사용하여 28본을 인출하여 제사

---

74 〈조선인쇄사〉는 《世界印刷通史》, 三秀舍, 1930, pp.887~968에 나와 있는데, 그중 pp.949~951 부분을 인용했다.

諸司에 나누어 보내 소장하게 하였다"는 내용을 수록하였다.

그리고《남명천화상송증도가》최이의 지문 말미의 내용을 처음으로 소개하였다. 이어서《직지심체요절》의 간기와《고려사》공양왕 4년의 서적원 설치에 관한 기사가 소개되었다.

이상에서 살펴보았듯 구한말부터 어니스트 사토, 모리스 쿠랑, 아사미 린타로, 마에마 교사쿠, 어윤적, 오다 미키지로, 헤르만 휠레 등에 의해 고려와 조선시대 금속활자 인쇄에 관련된 논문이 계속하여 발표되면서, 국제적으로 한국이 자존감을 회복하는 데 큰 역할을 하였다.

어니스트 사토[75]가 1882년 발표한 논문에 한국에서 동활자의 발명은 당시는 15세기 초반으로 추정되었으나《표제구해공자가어》를 1317년에 활자로 간행한 것이라고 학계에 소개하면서, 이 책에 대한 사실여부와 관계없이 "지금도 기대하고 있는 바이지만 이것이 한국이나 중국에서 최초의 것이 아닐 가능성, 즉 활자본 발명이 더 이전으로 거슬러 올라갈 가능성을 배제할 수 없다. 이때까지 이러한 다른 인쇄본의 정보에 폐쇄적이었던 한국에서 향후 이와 관련된 연구와 발굴이 진전될 것으로 기대되기 때문이다"라고 한 예언은 적중하였다.

그는 현재 한국이 모든 면에서 어렵지만 인쇄문화의 종주국으로 충분히 가능성이 높은 나라이기에 앞으로 계속 관심을 가져달라는 의미로 해석할 수 있다.

1901년에 모리스 쿠랑은 세계 최초로 책에 관한 책을 쓰며 중국이나 일본도 아닌 한국에 대해 썼으며,《한국서지》에《직지심체요절》의 간기를 처음으로 소개하였다. 1909년에 아사미 린타로는 무엇보다, "중국 책으로 생각한 것 중 십중팔구는 한국에서 인쇄된 것이라는 사실을 증명하는 데는 대단한 검토가 필요한 것도 아니다. 본문에 적힌 내용 외에도 책의 크기, 질기고 질이 좋은 종이 등 외형적인 표시들이 중국으로부터 온 책들과 혼동되지 않도

---

75 藤本幸夫,〈일본에 현존하는 한국 전적에 대하여〉,《일본소재 한국문화재의 연구와 활용》, 국외소재문화재재단, 2016, p.77.

록 하는 것이다"라고 한국 책의 우수함과 그 특징을 알려주었다.

1914년에 마에마 교사쿠는 "활자판은 일반적인 가정과는 약간 다르게 완전히 조선인의 창의로 이루어진 듯하다. 13세기 초에 이미 조정의 중요한 책이 인쇄된 것이 확실하므로, 주자판이 처음 사용된 것이 12세기라고 단정할 수 있다"라고 다소 과도한 주장을 하였다.

1918년에 오다 미키지로는 아사미 린타로와 달리 《상정예문》 발간은 최이가 진양공에 책봉된 고종 21년(1234)부터 이규보의 몰년 28년(1241) 사이에 인쇄되었다고 보다 논리적으로 주장하였다.

그리고 1923년에 독일의 휠레 박사가 《중국에서의 활자 인쇄술과 한국에서의 그 발전에 관한 역사》를 출판하였다. 휠레 박사는 한국의 금속활자에 대한 내용을 알리는 것이 저술의 주된 목표였다.

미국의 토머스 카터는 조선조의 국왕들은 강력한 통치자였을 뿐만 아니라 동시에 학문의 후원자라고 하였다. 이 시기에 바로 조선은 인쇄술에 있어서 세계를 선도하고 금속활자의 사용을 고도로 발전시켰다고 하였을 정도로 한국이 금속활자 인쇄를 주도한 종주국임을 알려주었다.

당시 한국은 일본에 합방을 당해 대외적으로 나라 이름도 없었던 시절이었음을 감안하면 위에서 언급한 학자들은 또 다른 '한국의 독립운동가'라는 생각이 든다.

이렇게 19세기~20세기 초 이르기까지 고려시대 금속활자에 대해 논문으로 발표해준 영국, 프랑스, 일본, 미국, 독일 등의 학자들은 '금속활자본'을 통하여 한국의 문화적인 존재감을 인식하고 세상에 널리 소개했다.

한국이 풍전등화와 같은 암울하던 시기에 외국 학자들의 노력으로 많은 역사적인 자료들이 밝혀지고 소개 해석되면서 한국이 세계 최초로 금속활자를 발명한 국가라는 사실이 널리 알려지게 되었다. 당시 한국은 고려시대 금속활자에 대해서는 학문적인 기초도 상식도 없었고 국민적 관심 분야에서 한참 벗어나 있었다. 이들의 덕분으로, 19세기 말부터 한국이 세계에서 역사 문화를 선도하는 국가 반열에 올라 힘든 역경을 이겨낼 수 있는 바탕이 되었다는 생각을 하게 된다. 여기서 문제는 한국이 세계 최초로 금속활자를 주조하

한국이 풍전등화와 같이 암울하던 시기에 외국 학자들의 노력으로 많은 역사적인 자료들이 밝혀지고 소개되고 해석되면서 우리나라가 세계 최초로 금속활자를 발명한 국가라는 사실이 널리 알려지게 되었다.

였지만, 고려시대부터 금속활자를 사용한 국가라는 허울까지 쓰게 되었다는 점이다. 이러한 허울에 의해서 그동안 겪어온 역사적인 해석에도 오류를 거듭하였고, 이 과정에서《남명천화상송증도가》에 대한 결정적인 오류도 파생되었을 것이라는 생각이 든다.

이미 과거사가 되었지만 20세기 초에 각국의 학자들이 남긴 고려시대 금속활자 관련 논문들을 한 자리에서 정리하면서 묘한 감정이 들었다. 우선 과거 우리 선조들이 어느 나라보다 문화적인 예지가 뛰어났음을 알려주었기 때문에 무한한 감사의 정을 느끼게 된다. 이제는 그들의 업적을 새롭게 자리매김하여 무엇인가 감사의 표시를 남겨야 할 때이다. 해방 이후 학계에서는 이들 외국인들이 남긴 업적을 참조하여 연구를 진행하였지만 면밀하게 검토하지도 않고 이들의 업적을 답습한 수준에서 크게 나가지 못했다.

마지막으로 모리스 쿠랑이《한국서지》서문에서 한 다음과 같은 말을 상기하고자 한다.

한국 정신의 명석함은 아름다운 도서圖書의 인쇄에서, 현존하는 가장 단순한 자모字母의 완성에서, 그리고 세계 최초 활자의 개념에서 나타났다. 나는 굳이 여기서 중국으로부터 받아들인 모든 지식과 모든 기술을 발전시키고 일본으로 전수시켰다는 점을 말하지는 않겠다. 극동의 문화에 있어 한국의 역할은 엄청난 것이므로, 만일 그 상황이 유럽과 흡사한 것이었다면, 한국의 사상과 발명은 인접 국가들을 흔들어놓았을 것이다.

그러나 민족적 자만과 국가관에 의해 쌓여진 장벽은 그보다 높았고 과거에 대한 숭상은 정체만을 가져왔다. 하나는 예술, 전쟁, 조직 면에서, 또 하나는 모든 부문의 문학과 실제 생활의 투쟁 면에서 천부적 능력을 소지한 이웃의 두 강국 사이에 끼여, 가난하고 교통이 어려운 한국은 특히 지난 수세기 이래, 외국과의 관계에 있어 약탈되고 예속되는 일 뿐이었다.

한국은 한국 자신 속에서만 살고, 그의 발명력은 국경을 넘지 못하며, 비좁은 왕조에서 생겨난 고도의 사상은 불화의 씨로 바뀌어 결국 여러 당으로 분열되니 이 파당은 모든 사회적 발전을 중지시키고야 말았다. 이것이 현재의 서글

픈 상황을 설명하는 것이다. 이 국민이 부여받은 천부의 재능은 이렇게 그들 자신을 거역하였으며 운명의 냉혹에 구속되어 그들의 장점과 그들의 재능은 발휘될 수가 없었다.

외국인이 진단한 우리가 처해 있었던 안타까운 실상이었다. 이러한 시기에 외국학자들은 한국이 금속활자 발명국이고 인쇄문화선진국임을 논문을 통해 국내외에 알려주었다. 이렇게 시작하여 전개된 한국의 금속활자 연구 역사를 토대로 공인본《남명증도가》가 세계 최초의 금속활자본이라는 것을 밝히게 되었다.

부록1

《영가증도가》와 《남명증도가》의 현존 판본 목록
《남명천화상송증도가》한글 완역본
영문 초록
일문 초록

부록 1-1

《영가증도가》와 《남명증도가》의 현존 판본 목록

《영가진각대사증도가》

① 《영가진각대사증도가》

玄覺(唐)著, 淨居 註

木板本 1299년간

선장1책(29장), 左右雙變 半郭 21.2×12.2cm, 有界, 6行 15字, 註雙行, 上下向黑魚尾

25.3×15.7cm

版心題: 證

권말: 高麗國 普濟寺 了惡沙門……大安伍年己巳(1089)三月日 記

己亥(1299)二月日 文林郎 司宰少卿 李時茂 募工重雕

(보물 제889호)

② 《영가진각대사증도가》

玄覺(唐)著, 世祖 編〈彦琪. 宏德. 祖庭[1] 新增[己和] 註釋〉

金屬活字本(初鑄甲寅字混入木活字)

世祖 3(1457)

---

1 《祖庭事苑》송나라 초에 목암선경睦庵善卿이 운문문언雲門文偃, 설두중현雪竇重顯, 천의의회天衣義懷, 풍혈연소風穴延沼, 법안문익法眼文益 등 20여 책의 선종 어록에서 어려운 낱말 2,400여 개를 뽑아 풀이하고 출전을 밝힌 선종 사전. 8권으로 구성되어 있다.

1冊, 四周單邊 半郭 24.8×16.9cm, 有界, 10行17字 小字雙行, 內向黑魚尾; 32.0×21.5cm

表題: 證道歌註解

版心題: 證道歌

卷末: 御製跋(世祖), 是年(1457)秋九月下澣……姜孟卿, 申叔舟, 韓明澮, 曺錫文, 韓繼美, 金守溫, 韓繼禧, 任元濬 跋

③《영가진각대사증도가》

玄覺(唐) 著 世祖 編〈彦琪. 宏德. 祖庭. 新增[己和] 註釋〉

金屬活字本(乙亥字) [世祖–成宗年間(1455~1494)]刊

1冊(71張), 四周單邊 半郭 24.7×16.6cm, 有界, 10行19字 註雙行, 內向黑魚尾; 27.2×19.5cm

版心題: 證道歌

表題: 證道歌

④《영가진각대사증도가》

玄覺(唐) 著, 趙孟頫(元) 書, 無註本

木板本 1474跋

線裝1冊(29張), 四周雙邊 半郭 26.0×16.5cm, 有界, 4行8字, 上下白口, 內向白魚尾; 34×20.5cm

卷末: 廷祐丙辰(1316)夏 嗚興 趙孟頫爲龍光大司從筠軒禪師書

跋: 眞珠治西三和古刹禪師志雲幸得此本不月開刊以壽其傳……成化甲吾(1474)七月日行三陟都護府使黃允元謹跋

⑤《영가진각대사증도가》

玄覺(唐) 著, 趙孟頫(元) 書, 無註本

1冊, 四周單邊 半郭 27.0×16.2cm, 4行8字, 內向黑3葉花紋魚尾; 35.7×21.0cm

卷末: 廷祐丙辰(1316)夏 嗚興 趙孟頫爲龍光大司從筠軒禪師書

⑥《영가진각대사증도가》

玄覺(唐) 著 安平大君 瑢(朝鮮)書, 無註本

木板本, 1574年 刊

1冊(29張), 四周單邊 半郭 30×15cm, 無界, 半葉 4行8字, 內向黑魚尾; 37.2×21.4cm

卷末: 安平筆法 偶得眞迹 不家於寶 謨壽其傳 萬曆甲戌(1574)秋 兵馬都尉 金行開刊 茂長縣

⑦《영가진각대사증도가》

玄覺(唐) 著 趙孟頫(元) 書 無註本

木板本 昌原府, 1592(?)

1冊(18張), 四周單邊 半郭 24.2×15.2cm, 無界, 4行8字, 內向2葉花紋魚尾; 30.1×20.1cm, 壬辰(1592?)八月日 昌原府開刊

⑧《영가진각대사증도가》

玄覺 著 安平大君 瑢 書

木板本(飜刻), 1647年 刊

30張, 四周單邊 半郭 30×15cm, 無界, 半葉 4行8字, 內向3葉花紋魚尾; 35.8×20.9cm

跋: 丁亥(1647)初秋 珍山郡守金友淹謹識

《남명천화상송증도가》

①《남명천화상송증도가》[2]

千頃山沙門 法泉(元) 頌

金屬活字本, 고려 고종 26년(1239) 刊

1책(44장), 四周單邊 半郭 18.3×12.6cm, 無界, 8行15字; 24×15cm

序: 熙寧十年(1077)丁巳七月 括蒼 鳴庸天用序

後序: 熙寧九年(1076)丁巳七月十日 括蒼 祝況後序

卷末: 夫南明證道歌者 實禪門之樞要也 故後學參禪之流 莫不由斯而入升堂覩娛矣 然則 其可 閉塞 而不傳通乎 於是募工 重彫鑄字本 以壽其傳焉

時己亥(1239)九月上旬 中書令晋陽公 崔怡 謹誌

刻手: 淂(1,2), 東伯(3,4,27,28,44), 叔身支(5,6,29,37,38,39), 珎才(7,8,21,32), 唐甫(9,10,30,35), 公大(11,12,24,36), 鳴準(13,14,41,42), 一明(15,16,22,23,31), 二世(17,18,33,34), 元暉(19,20,40,43), 思集(25,26)

※ 괄호는 장수표시

---

2 보물 제758-2호. 공인박물관 소장.

② 《남명천화상송증도가》[3]

千頃山沙門 法泉(元) 頌

木板本(鑄字本飜刻), [15세기] 刊

1책(44장), 四周單邊, 半郭 18.4×13cm, 無界, 8行15字; 27.5×16.6cm

序: 熙寧十年(1077)丁巳七月 括蒼 嗚庸天用序

後序: 熙寧九年(1076)丁巳七月十日 括蒼 祝況後序

卷末: 夫南明證道歌者 實禪門之樞要也 故後學參禪之流 莫不由斯而入升堂覩娛矣 然則 其可閉塞 而不傳通乎 於是募工 重彫鑄字本 以壽其傳焉

時己亥(1239)九月上旬 中書令晋陽公 崔怡 謹誌

刻手: 淂(1,2),東伯(3,4,27,28,44),叔身支(5,6,29,37,38,39),珎才(7,8,21,32),唐甫(9,10,30,35),公大(11,12,24,36),嗚準(13,14,41,42),一明(15,16,22,23,31),二世(17,18,33,34),元暉(19,20,40,43), 思集(25,26)

③ 《남명천화상송증도가》[4]

千頃山沙門 法泉(元) 頌

木板本(鑄字本飜刻), 成宗 3(1472) 跋.

1책(44장), 四周單邊, 半郭 18.2×13cm, 無界, 8行15字; 26.5×16.1cm

序: 熙寧十年(1077)丁巳七月 括蒼 嗚庸天用序

後序: 熙寧九年(1076)丁巳七月十日 括蒼 祝況後序

卷末: 夫南明證道歌者 實禪門之樞要也 故後學參禪之流 莫不由斯而入升堂覩娛矣 然則 其可閉塞 而不傳通乎 於是募工 重彫鑄字本 以壽其傳焉

時己亥(1239)九月上旬 中書令晋陽公 崔怡 謹誌

[成化八年(1472)夏六月初吉純誠佐理功臣輔國崇祿大夫行中樞府事永山府院君臣金守溫謹跋]

刻手: 淂(1,2),東伯(3,4,27,28,44),叔身+支(5,6,29,37,38,39),珎才(7,8,21,32),唐甫(9,10,30,35),公大(11,12,24,36),嗚準(13,14,41,42),一明(15,16,22,23,31),二世(17,18,33,34),元暉(19,20,40,43), 思集(25,26)

④ 《남명천화상송증도가》[5]

千頃山沙門 法泉(元) 頌

木板本(鑄字本飜刻), [13세기 말~14세기]刊

---

3 보물 제758-1호. 삼성출판박물관 소장.

4 대구 개인 소장.

5 대구 고 종진스님 소장.

1책(44장), 四周單邊, 半郭 18.1×12.8cm, 無界, 8行15字; 23.2×14.3cm

序: 熙寧十年(1077)丁巳七月 括蒼 鳴庸天用序

後序: 熙寧九年(1076)丁巳七月十日 括蒼 祝況後序

卷末: 夫南明證道歌者 實禪門之樞要也 故後學參禪之流 莫不由斯而入升堂覩娛矣 然則 其
可閉塞 而不傳通乎 於是募工 重彫鑄字本 以壽其傳焉 時己亥九月上旬 中書令晋陽公 崔怡
謹誌

刻手: 淂(1,2),東伯(3,4,27,28,44),叔身+支(5,6,29,37,38,39),珎才(7,8,21,32),唐甫(9,10,30,35),公大
(11,12,24,36),鳴準(13,14,41,42),一明(15,16,22,23,31),二世(17,18,33,34),元暉(19,20,40,43), 思集(25,26)

⑤《남명천화상송증도가》[6]

千頃山沙門 法泉 頌

木板本, [深源寺, 1526年]刊

1책(44장), 四周單邊 半郭 18.1×12.2cm, 無界, 8行15字, 間混黑口, 混入內向黑魚尾;
23.0×15.1cm

序: 熙寧十年(1077)丁巳七月 括蒼 鳴庸天用序

後序: 熙寧九年(1076)丁巳七月十日 括蒼 祝況後序

卷末: 夫南明證道歌者 實禪門之樞要也 故後學參禪之流 莫不由斯而入升堂覩娛矣 然則 其
可閉塞 而不傳通乎 於是募工 重彫鑄字本 以壽其傳焉 時己亥九月上旬 中書令晋陽公 崔怡
謹誌

刊記: [嘉靖伍年丙戌(1526)六月日 慈悲山深源寺開板]

⑥《남명천화상송증도가》[7]

千頃山沙門 法泉 頌

木板本, 深源寺, 1526年刊

1冊(44장), 四周單邊 半郭 17.7×12.3cm, 有界, 8行15字, 內向黑魚尾; 20.8×14.9cm

表題: 擬證道歌

後序: 熙寧九年(1076)七月十日括蒼祝況後序.

卷末: 夫南明證道歌者 實禪門之樞要也 故後學參禪之流 莫不由斯而入升堂覩娛矣 然則 其
可閉塞 而不傳通乎 於是募工 重彫鑄字本 以壽其傳焉 己亥(1239)九月上旬 中書令晋陽公崔

---

6 국립중앙도서관 일산문고 소장.

7 고려대 중앙도서관.

怡謹誌

刊記: 嘉靖伍年丙戌(1526)六月日 慈悲山深源寺開板

⑦《영가진각선사증도가》**8**

千頃山沙門 法泉(元)繼頌

木板本, 文殊寺, 世宗 6年(1424)

1冊, 上下單邊 半郭 16.0×11.3cm, 無界, 10行19字, 上下向黑魚尾; 24.4×13.8cm

版心題; 泉頌

南明泉頌永嘉證道歌序: 時熙寧十年丁巳(1077)七月括蒼鳴庸天用序,

熙寧九年(1076)七月括蒼祝況後序

刊記: 永樂甲辰(1424)十月日高敞文殊寺開板

⑧《영가진각선사증도가》**9**

千頃山沙門 法泉 繼頌

木板本, 龍藏寺, 세종14(1432)

1책, 四周單邊, 半郭 18.2×12.7cm, 無界, 9行19字, 內向白魚尾; 24.3×15.3cm

板心題: 南

南明泉頌永嘉證道歌序: 時熙寧十年丁巳(1077)七月括蒼鳴庸天用序

後序: 熙寧九年(1076)七月十日括蒼祝況後序

卷末; 宣德七年壬子(1432)二月日雲住山龍藏寺刊

松風賢訥書 大禪師 信惠 海寬海能 洪禪 朴崇

前月南寺住持禪師 羲元

⑨《영가진각선사증도가》**10**

千頃山沙門 法泉 繼頌

木板本, 華嶽山 永濟庵, [景泰年間(1450~1456)]刊

1冊(34張), 四周單邊 半郭 15.6×11.6cm, 有界, 10行18字, 上黑魚尾; 24.3×15.6cm

版心題; 泉頌

---

8 고려대 대학원, 동국대, 불갑사 등.

9 동국대 중앙도서관 소장.

10 양산스님 소장.

南明泉頌永嘉證道歌序: ……時熙寧十年丁巳(1077)七月括蒼鳴庸天用序

後序: 熙寧九年(1076)七月十日括蒼祝況後序

刊記: [景泰年間(1450~1456)]……華嶽山永濟庵開板 同願大禪師了明 化主禪師 尚峯

⑩《영가진각선사증도가》[11]

法泉 繼頌

木板本, 龍仁 瑞峰寺, 宣祖 6年(1576),

1冊(33張) 四周單邊 半郭 15.6×11.6cm, 無界, 10行19字, 上下白口(黑口混入), 上下內向黑魚尾; 24.3×15.6cm

版心題; 泉頌

南明泉頌永嘉證道歌序: 時熙寧十年丁巳(1077)七月括蒼鳴庸天用序

刊記: 萬曆四年丙子(1576)三月 日 京畿龍仁土光敎山瑞峰寺開板

⑪《남명천화상송증도가》[12]

9행 16자 간기는 있다고 소개되어 있지만 판독이 불가하다.

현재는 행방불명이고, 판본을 조사하지 못했다.

⑫《영가대사증도가남명천선사계송》[13]

언해본

法泉繼頌, 世宗(朝鮮), 世祖(朝鮮) 共譯, 學祖(朝鮮) 校正

金屬活字本(乙亥字), 成宗 13(1482)跋

2卷2冊, 四周單邊 半郭 24.4×16.7cm, 9行19字 한글雙行, 內向黑魚尾; 34.4×21.6cm

板心題: 南明

永嘉大師證道歌南明泉禪師繼頌序: 熙寧十年(1077)七月……鳴庸天用序

後序: 熙寧九年(1076)七月十日……祝況後序

跋: 成化十八年(1482)七月日……韓繼禧奉敎謹跋, 歲壬寅(1482)孟秋……姜希孟奉敎謹跋

---

11 국립중앙도서관, 고려대학교 도서관.

12 고서연구 12호, 윤형두 선생 소장.

13 서울대 규장각한국학연구원, 고려대 대학원, 서울대 가람문고, 세종대왕기념사업회, 고려대학교, 성남시 태광사 소장.

⑬《남명천화상송증도가사실》**14**

瑞龍 連(고려)撰

木板本

陜川: 海印寺, 1248誌 (1963印出)

3卷1册, 四周單邊 半郭 21×13cm, 無界, 10行20字, 無魚尾; 41.0×29.6cm

題簽: 證道歌事實

《남명천화상송증도가》 한글 완역본

南明泉頌永嘉證道謌序
我聞。如來善護念諸菩薩以心。
善付囑諸菩薩以法。
心之所示。言所不能該。法之所
傳。意所不能盡。
即言即意。皆諸妄想。離言意
者。亦復如是。不即不離。種種
平等。不墮於無。不麗於有。言
意兩忘。而心法得矣。
夫法本無為。對境而立。心非有
相。隨物而現。故前際不來。
後際不去。其於今也。如轉輪。
如流水。不流不轉。
而亦不住。不住則無在也。無在
而無不在。是真常住者也。
而昧者不知。乃以色見如來。
以音聲求如來。豈不
謬哉。永嘉禪師證道歌。其深於
道矣。然道無所事於
證也。而永嘉方且曉曉。而與世

남명천 송 영가증도가 서

내가 들으니 "여래는 모든 보살을 마음으로 잘 호념하고 모든 보살에게 법을 잘 부촉하신다"고 하였다.

마음으로 나타내는 것은 말로 다 표현할 수 없고 법으로 전하는 것은 생각으로 다 드러낼 수 없다.

말과 생각 자체에 붙어 있는 것은 모두 망상이고 말과 생각을 떠난 것이라 해도 또한 마찬가지이다. 붙어 있지도 않고 떨어지지도 않아서 갖가지 모든 것에 평등하며 무에 떨어지지도 않고 유에 걸리지도 않아서 말과 생각 둘 다 잊어야만 마음과 법을 얻으리라.

법은 본래 무위이지만 대상경계를 상대해 세워지는 것이고 마음은 상이 있는 것이 아니지만 대상에 따라서 나타나는 것이다.

그러므로 전제에서 온 것도 아니고 후제로 흘러가는 것도 아니다. 현재의 경우 바퀴처럼 물처럼 흐르지만 실제로는 흘러가는 것도 아니고 굴러가는 것도 아니며 머무는 것도 아니다.

머물지 않으면 있는 곳이 없으니 있는 곳이 없으면서 있지 않은 곳도 없는 것이다. 이것이 진실하여 항상 머무는 것이다. 그런데 깜깜한 사람들은 알아차리지 못

俗辯者。彼豈累於言意為哉。

惟如來不厭世間。而入涅槃。

不去文字。而住解脫。

不斷煩惱。而流出一切真如菩

提。永嘉蓋得諸此而已。

南明禪師泉公。昔居千頃。

復頌證道歌。成三百二十篇。

嗚呼。發如來大智慧海。

使人皆得望其涯涘。

而泝其流。不絕諸念。

不著諸相。不外諸因緣。

普以吾覺。悅可眾心。

何其盛哉。觀其頌。

而吾無能惜其狂言。

故為之序云。

時熙寧十年丁巳七月　括蒼　吳庸

天用　序

하고 형색으로 여래를 보려 하고 음성으로 여래를 구하고자 하고 있으니 어찌 잘못이 아니겠는가.

영가선사의 증도가는 도에 깊이 들어간 것이다. 그러나 도는 증득에 힘쓰는 일이 없다.

그런데 영가선사께서 지금 밝고 밝게 말로 설명해 놓았다. 세속적인 관점으로 이러쿵저러쿵한다면 그것은 영가선사의 말씀과 생각에 누를 끼치는 것이다.

여래께서는 세간을 싫어하지 않으면서도 열반에 드셨고 문자를 떠나지 않고 해탈에 머무시며 번뇌를 끊지 않고 모든 진여보리를 유출하셨다. 영가선사는 이것을 증득했을 뿐이다.

남명선사 천공이 옛날 천경산에 머물면서 다시 증도가 원문에 게송을 붙여 320편을 만들었다.

아아! 여래의 대지혜 바다를 환하게 나타내어 사람들로 하여금 모두 수평선 끝을 바라보게 해주셨구나.

또 흐름을 거슬러 올라가면서 모든 망념을 끊지도 않고 모든 형상에 집착하지도 않고 모든 인연을 도외시하지도 않아 우리로 하여금 보편하게 깨닫도록 하여 중생들의 마음을 기쁘게 해주셨으니 어쩌면 그리도 훌륭하신가. 남명천선사의 송을 보고 훌륭한 말씀을 아끼지 않을 수 없다.

이에 서문을 쓴다.

때는 희녕 10년(1077) 정사년 7월 괄창산에서 오용천용이 쓰다.

1.

證道歌。歌此曲。

涅槃會上曾親囑。

金色頭陀笑不休。

數朵青山對茅屋。

증도가여, 이 곡조 노래하리라

열반회상에서 일찍이 친히 부촉하셨네

금색 두타는 웃음을 그치지 않는데

몇 자락 푸른 산만 초가를 마주하는구나

2.

君不見。是何顏。
그대는 보지 못하는가, 이 누구의 얼굴인가

擬議思量隔亂山。
의논하고 사량하면 어지러운 산이 막아서리라

從此曹磎門外句。
이로부터 조계曹溪의 문밖 구절이

依前流落向人間。
예전처럼 흘러내려 인간계로 향하는구나

3.

絕學無為閑道人。
학문을 끊어 한가로운 무위 도인이여

雲蹤鶴態何依托。
구름의 자취 학의 자태 어디에 의탁할까

春深幽鳥不歸來。
봄은 무르익어 깊이 숨은 새 돌아오지 않는데

嵓畔羣花自開落。
바위 아래 무리지은 꽃만 절로 피고 지는구나

4.

不除妄想不求真。
망상도 제거하지 않고 진실도 구하지 않으니

真妄都如鏡裏塵。
진실과 망상 모두 거울 속 티끌이라

打破虛空光影斷。
허공을 깨부수어 빛과 그림자 끊어져야

此時方見本來人。
그때 비로소 본래인本來人을 보리라

5.

無明實性即佛性。
무명의 실제 성품이 곧 불성이라

兩處由來強立名。
두 가지는 본래 억지로 붙여진 이름

四海晏清時雨足。
사해가 편안하고 때맞은 비 흡족하니

不勞野老賀升平。
시골 늙은이 애먹여가며 태평을 축하하지 마라

6.

幻化空身即法身。
허깨비처럼 공한 몸이 곧 법신이니

若了法身無內外。
법신을 깨달으면 안과 밖이 없어라

疥狗泥豬却共知。
옴 붙은 개와 진흙탕 돼지는 오히려 다들 알지만

三世如來曾不會。
삼세의 여래들께선 안 적이 없느니라

7.

法身覺了無一物。
법신을 깨침에 한 물건도 없으니

瑩若晴空絕點霞。　　　맑기가 갠 허공에 노을 한 점 없음 같아라

因憶靈山當日事。　　　이에 영산회상의 그날 일이 생각나

攜節春徑踏殘花。　　　대지팡이 짚고 봄 길에 떨어진 꽃을 밟아본다

8.

本源自性天真佛。　　　본원本源의 자성自性인 천진불이여

目若青蓮齒似珂。　　　푸른 연꽃 같은 눈매에 하얀 옥 같은 이

未識慈尊須急去。　　　자존慈尊을 알지 못하는 자들 급히 가보라

迴頭鷂子過新羅。　　　고개 돌리면 새매는 신라를 지나가리라

9.

五陰浮雲空去來。　　　오음의 뜬구름이 허공을 오고가니

英英似有還非實。　　　선명하여 있는 듯도 하지만 도리어 진실이 아니네

西風一陣埽無蹤。　　　서풍이 한바탕 불어 종적도 없이 쓸어버리니

萬里山河共晴日。　　　만 리 산과 강에 모두 갠 날이로다

10.

三毒水泡虛出沒。　　　삼독의 물거품 헛되이 생겼다 사라지니

起滅無蹤不可窮。　　　생기고 사라짐 자취 없어 찾을 수가 없구나

勿謂水泡名相異。　　　물과 거품의 이름과 모습 다르다 하지 마라

千波萬浪盡朝宗。　　　천 물결 만 물결이 모두 조종朝宗하느니라

11.

證實相。絕離微。　　　실상을 증득함이여, 이離와 미微를 끊으니

不在東邊不在西。　　　동쪽에도 있지 않고 서쪽에도 있지 않네

最好江南三二月。　　　가장 좋기로는 강남의 이삼월이라

折花風暖鷓鴣啼。　　　꽃망울 터지고 바람 훈훈해 자고새 지저귄다

12.

無人法。只此人。　　　인人도 법法도 없음이여, 오직 이 사람뿐이니

見說今年直是貧。　　　금년이 바로 가난이라고 하신 말씀을 보라

擧目已無依倚處。　　　눈을 들어도 이미 의지할 곳 없는데

金剛門外尚含瞋。 　　　금강은 문밖에서 오히려 화를 머금네

13.

剎那滅却阿鼻業。 　　　찰나에 아비업阿鼻業을 소멸시키니
休言善惡不同途。 　　　선과 악은 같은 길 아니라고 말하지 마라
須知罪性猶霜雪。 　　　죄의 성품 서리나 눈과 같음을 알아야 하니
慧日才昇一點無。 　　　지혜의 태양 솟아오르면 한 점도 남지 않느니라

14.

若將妄語誑眾生。 　　　만약 거짓말로 중생을 속인 것이라면
自己何緣能出離。 　　　내 몸인들 무슨 인연으로 벗어날 수 있으리오
此心終日類孤舟。 　　　이 마음은 날 저물도록 외로운 배처럼
只欲含靈免淪墜。 　　　그저 빠지고 떨어지는 함령含靈들 구하고 싶을 뿐

15.

自招拔舌塵沙劫。 　　　스스로 진사겁塵沙劫토록 발설지옥에 들어간다 하셨으니
莫大之恩豈易酬。 　　　그 크신 은혜를 어찌 쉬이 갚으리오
對此翻憐遠遊子。 　　　이를 대하자니 또다시 가련해지네, 멀리 유랑하는 아들
光陰喪盡不迴頭。 　　　세월이 다 가도록 머리 돌리지 않는구나

16.

頓覺了。即忘筌。 　　　단박에 깨달음이여, 곧 통발을 잊으니
依舊眉毛在眼邊。 　　　예전부터 눈썹은 눈가에 달려 있었네
向上機關何足道。 　　　향상의 기관이라고 무엇이 딱히 말할 것 있겠는가
飢來喫食困來眠。 　　　배고프면 밥을 먹고 피곤하면 잠을 잔다

17.

如來禪。須密悟。 　　　여래선如來禪이여, 비밀리에 깨달아야만 하니
寂靜無為超四句。 　　　고요하고 작위 없어 사구四句를 뛰어넘는다
團扇雖將擬月輪。 　　　둥근 부채로 비록 달을 가늠하긴 하지만
俊鷹不打籬邊兔。 　　　날쌘 매는 울타리 아래 토끼를 치지 않는다네

18.

六度萬行體中圓。 육도만행이 체體에 원만하니

真體無勞辨同別。 진체真體에는 수고롭게 같고 다름 가릴 것 없네

萬水蟾光任去留。 물마다 비치는 달그림자 가건 머물건 내버려두라

皎皎天心唯一月。 달빛 교교한 하늘엔 오직 하나의 달

19.

夢裏明明有六趣。 꿈속에선 분명하고 분명하게 육취六趣가 있으니

苦樂相交不暫停。 고와 낙이 교차하며 잠시도 멈추지 않는다

欲出輪迴生死海。 윤회하는 생사의 바다를 벗어나고 싶다면

須從北斗望南星。 모름지기 북두北斗에서 남쪽별을 바라보라

20.

覺後空空無大千。 깬 뒤엔 공마저 공해 대천세계가 없으니

始信從前自拘縛。 예로부터 스스로 얽어매었다는 걸 비로소 믿는다

如今要識本來空。 만일 이제 본래 공인 줄 알려 한다면

門外青山倚寥廓。 문밖 푸른 산은 허공을 의지하고 있느니라

21.

無罪福。妄真捐。 죄도 복도 없음이여, 망妄도 진真도 버리나니

皎月當秋莫喩圓。 맑은 달 가을을 맞아도 그 원만함 비유할 수 없고

仗劍文殊猶不見。 칼 짚은 문수文殊조차 오히려 엿보지 못하니

豈容生死到伊邊。 생사가 그곳에 다다르는 걸 어찌 용납하리오

22.

無損益。更何疑。 손해와 이익도 없음이여, 다시 무엇을 의심하랴

佛祖從來自不知。 부처님과 조사도 예로부터 스스로 알지 못한 것이라

南北東西無間斷。 남북동서에 끊어진 사이 없는데

鳥窠空把布毛吹。 조과鳥窠스님 쓸데없이 보푸라기를 집어 불었네

23.

寂滅性中莫問覓。 적멸한 성품 가운데서 묻거나 찾지 마라

坐斷千峯過者難。　　일천 봉우리를 앉아서 끊으니 지나가기 어렵구나

莫訝空堂無客到。　　텅 빈 집에 찾아오는 손님 없음을 의심하지 마라

從來不許外人看。　　예로부터 바깥사람에겐 보기를 허락하지 않았느니라

24.

比來塵鏡未曾磨。　　여태껏 먼지 묻은 거울 닦은 적 없었으니

心垢為緣漸昏黑。　　마음의 때가 연緣이 되어 점점 검어지네

神膏點出一堂寒。　　신고神膏를 한 점 찍자 온 집이 서늘하니

始信靈光非外傳。　　신령한 광명은 밖에서 얻지 않는다는 걸 비로소 믿겠다

25.

今日分明須剖析。　　오늘은 분명하게 쪼개버려야만 하리라

爭肯區區徇世情。　　어찌 구구하게 세간의 정을 따르겠는가

決散浮雲孤月上。　　뜬구름 흩어버리고 오롯한 달 솟으니

大千沙界一時明。　　대천사계가 일시에 밝아지는구나

26.

誰無念。念皆真。　　누가 무념인가, 생각마다 모두 참되니

若了真真未出塵。　　만약 진실을 진실이라고 알면 티끌을 벗어나지 못하리라

到岸捨舟常式事。　　물가에 다다라 배 버리는 것 평범한 일이거늘

何須更問渡頭人。　　구태여 뱃사공에게 다시 물을 필요 있을까

27.

誰無生。生是妄。　　누가 무생인가, 생김이 곧 허망함이니

妄起無根即實相。　　허망한 일어남 뿌리 없음이 곧 실상實相이라

一夜曹溪水逆流。　　하룻밤에 조계의 물을 거꾸로 거슬러 올랐는데

平人無限隨波浪。　　평범한 사람들 끝없이 물결만 따르는구나

28.

若實無生無不生。　　만약 진실로 생이 없다면 생기지 않음도 없으니

生生豈與無生異。　　생기고 또 생긴들 어찌 무생과 다르리오

無不生時一物無。　　생기지 않음조차 없을 때 한 물건도 없으니

남명천화상송증도가

欲識無生萬法是。　　　　무생을 알고 싶은가 만법이 바로 그것이니라

29.

喚取機關木人問。　　　　꼭두각시를 불러서 물어보라

此理從來不屬知。　　　　이 이치는 예로부터 앎에 속하지 않는다네

若謂無知是真道。　　　　만약 앎이 없음을 참된 도라 여긴다면

秋風臺殿黍離離。　　　　가을바람 부는 누대 전각에 기장만 무성하리라

30.

求佛施功早晚成。　　　　부처를 구해 공들인들 언제 이루겠는가

無證無修功自久。　　　　증득함도 없고 닦음도 없어야 공이 저절로 오래가리니

看取虛空滿目前。　　　　눈앞에 가득한 허공을 보라

豈容捉搦隨人手。　　　　어찌 사람 손에 잡히는 걸 용납하리오

31.

放四大。　　　　사대四大를 놓아버리니

獨坐獨行無罣礙。　　　　홀로 앉고 홀로 거님에 걸림이 없구나

破席閑拖向日眠。　　　　떨어진 돗자리 한가하게 끌어다 햇볕이나 쬐며 조니

何心更覓超三界。　　　　다시 삼계를 초월하려는 마음이 어디 있겠는가

32.

莫把捉。　　　　붙잡지 마라

翦翦規規成大錯。　　　　자질하건 얼빠지건 큰 잘못이 되나니

欲將心意學修行。　　　　심心 의意 식識을 가지고 수행을 배우려 하나

大虛豈解生頭角。　　　　큰 허공에서 어찌 뿔이 돋겠는가

33.

寂滅性中隨飲啄。　　　　적멸한 성품 가운데서 인연 따라 마시고 먹으니

無思無慮混時流。　　　　사량도 없고 분별도 없이 시류時流에 섞인다

曾餐一粒家田米。　　　　일찍이 어느 집의 쌀 한 톨을 먹었더니

直至如今飽未休。　　　　지금까지 부른 배가 꺼지지 않는구나

34.

諸行無常一切空。 제행은 무상하여 일체가 공하나니

緣起緣終性本同。 연이 일어나건 연이 끝나건 성품은 본래 같다

欲捨緣生求實義。 인연 따라 일어남을 버리고 진실한 뜻 구하려 한다면

猶如問北却行東。 북쪽을 묻는 사람이 도리어 동쪽으로 감과 같으니라

35.

即是如來大圓覺。 곧 이것이 여래의 대원각이니

更無一物可雌黃。 다시 손댈 한 물건도 없어라

倚簷山色連雲翠。 처마에 기댄 산색山色은 구름에 이어져 푸르고

出檻花枝帶露香。 울타리를 넘은 꽃가지 이슬 머금어 향기롭구나

36.

決定說。莫狐疑。 확고한 말씀, 의심치 마라

直下承當已是遲。 바로 알아차린다 해도 벌써 늦었느니라

香嚴當日成何事。 향엄스님 그날 어떤 일을 이루었던가

擊竹徒言上上機。 대를 치며 쓸데없이 상상기上上機라 말했네

37.

表真乘。不虛僞。 진승眞乘을 나타내니, 거짓이 아니라

攝盡塵沙無量義。 진사塵沙 같은 한량없는 뜻을 다 가졌구나

堅密長如百鍊金。 견고하고 밀밀해 오래감이 백 번 단련한 쇠 같으니

剛鎚猛燄徒相試。 쇠망치와 맹렬한 불로 맘껏 시험해보라

38.

有人不肯任情徵。 누군가 긍정하지 않는다면 마음대로 따지도록 내버려두네

意句交馳千萬狀。 의미와 구절 서로 오가며 천만 가지 얼굴이구나

園裏花枝任短長。 동산의 꽃가지야 짧건 길건 내버려두나니

青帝春風還一樣。 청제青帝의 봄바람만은 도리어 같은 모습이니라

39.

直截根源佛所印。 근원根源을 곧장 끊음은 부처님께서 인가한 것이니

電轉風行頃刻間。 번쩍이는 번개 휘몰아치는 바람 경각頃刻 사이니라

火急歸來莫迴顧。 화급히 돌아오고 뒤돌아보지 마라

須臾寒日下西山。 잠깐 사이 날 추워지고 서산에 해 떨어진다

40.

摘葉尋枝我不能。 잎사귀를 따고 가지를 뒤지는 일 나는 하지 못하니

數去飜來何所得。 뻔질나게 갔다 왔다 무엇을 얻었는가

可憐遊子逐芳菲。 가련하구나, 유랑하는 아들 꽃향기만 쫓다가

不覺紅塵蠹顏色。 홍진紅塵에 좀먹는 얼굴 알아차리지 못하는구나

41.

摩尼珠。 마니주摩尼珠여

本無瑕纇絶精麤。 흠집 이지러짐 본래 없어 정미로움과 거침 끊어졌도다

月白風淸去年夜。 달 밝고 바람 맑은 지난해 밤에는

一帆飛過洞庭湖。 돛단배 타고 동정호洞庭湖를 날아서 건넜다네

42.

人不識。 사람들 알지 못하네

無量劫來至今日。 한량없는 겁劫부터 오늘에 이르기까지

放下皮囊子細看。 가죽주머니 내려놓고 자세히 살펴볼지언정

不須向外空尋覓。 밖을 향해 부질없이 헤아리며 찾아서는 안 된다

43.

如來藏裏親收得。 여래장如來藏 속에서 직접 얻어야 하니

要識如來藏也麼。 여래장을 알고 싶은가

酸酒冷茶三五醆。 쉰 술에 식은 차 세 잔 다섯 잔으로

長江風急浪花多。 긴 강에 바람 빠르니 물결에 꽃잎이 많구나

44.

六般神用空不空。 여섯 가지 신통묘용 공하되 공하지 않으니

在聖在凡無異質。 성인에게 있건 범부에게 있건 다른 얼굴이 아니라네

不二門開任往還。 불이문不二門 열렸으니 마음대로 오고 가라

何須更問維摩詰。　　　　　무엇하러 구태여 유마힐^{維摩詰}에게 다시 묻겠는가

45.

一顆圓光色非色。　　　　　한 알의 둥근 광명 색이면서 색이 아니니

那律能觀不易觀。　　　　　무엇이든 보는 아나율^{阿那律}도 쉽게 보지 못하리라

正體從來誰得見。　　　　　바른 본체 예로부터 누가 볼 수 있었던가

風高天地雪霜寒。　　　　　하늘과 땅에 바람이 높으니 눈과 서리가 서늘하구나

46.

淨五眼。異還同。　　　　　오안^{伍眼}을 청정하게 하면 다름이 도리어 같음이니

萬別千差畢竟空。　　　　　만별과 천차가 끝내 공이니라

誰知塵劫無窮事。　　　　　누가 알까, 진겁^{塵劫}토록 끝없는 일들을

如視菴摩在掌中。　　　　　손바닥에 놓인 암마^{菴摩} 열매 보듯 한다는 것을

47.

得五力。是真修。　　　　　오력^{伍力}을 얻어야만 바로 진실한 닦음이니

去去長依聖道流。　　　　　가고 또 가며 성인의 도류^{道流}에 길이 의지하라

直趣菩提心匪席。　　　　　보리^{菩提}로 곧장 나아가는 마음 돗자리가 아니니

有何魔外敢擡頭。　　　　　어떤 마귀와 외도가 감히 엿보겠는가

48.

唯證乃知難可測。　　　　　오직 증득해야 알 수 있지 측량하긴 어려우니

一點孤明若大陽。　　　　　한 점의 오롯한 밝음 태양과도 같도다

盲者不知光所在。　　　　　맹인은 광명이 어디 있는 줄 몰라

低頭冷坐暗思量。　　　　　고개 숙이고 싸늘히 앉아 어둠 속에서 헤아린다

49.

鏡裏看形見不難。　　　　　거울 속 형상을 보는 것 어렵지 않으니

顏容雖似還非實。　　　　　모양은 비록 닮았지만 실체는 아니니라

欲識當年舊主人。　　　　　금년에 옛 주인을 알고 싶다면

剔起眉毛在今日。　　　　　눈썹을 치켜 올려라, 오늘에 있다

50.

水中捉月爭拈得。　　　물에서 달을 잡으니 어찌 집을 수 있으랴

真月何甞在水中。　　　진짜 달이 언제 물에 있은 적 있던가

但得癡猨狂解息。　　　어리석은 원숭이 미친 알음알이 쉬기만 한다면

江河淮濟一時通。　　　강江 하河 회淮 제濟를 일시에 통할 것이다

51.

常獨行。　　　　　　　항상 홀로 다님이여

過得潼關罷問程。　　　동관潼關을 지났으면 더 이상 길을 묻지 마라

一徑森森人不到。　　　우거진 숲 오솔길 사람들 가지 않으니

黃金殿上綠苔生。　　　황금 전각에 푸른 이끼가 끼는구나

52.

常獨步。　　　　　　　항상 홀로 거님이여

從前更勿別門戶。　　　예전부터 또 문호門戶가 다르지 않았느니라

何言寒山愛遠遊。　　　무슨 일로 한산寒山은 멀리 노니는 것 좋아하다

如今忘却來時路。　　　지금 이렇게 왔던 길마저 잊었는가

53.

達者同遊涅槃路。　　　통달한 사람들 열반의 길에 함께 노니나니

看來皎皎勿遮攔。　　　보라, 밝고 밝아 막아서는 것 없구나

古今履踐何曾息。　　　예전과 지금에 거니는 발길 끊어진 적 있던가

遊子休言下脚難。　　　노니는 사람들이여 발 딛기 어렵다고 말하지 마라

54.

調古神清風自高。　　　격조가 예스럽고 정신이 청아하며 도풍 절로 높으니

若涉絲毫未相許。　　　실오라기라도 붙어 있으면 서로 허락하지 않는다

妙峯頂上忽逢時。　　　묘봉정妙峰頂에서 문득 만났을 때도

不與白雲為伴侶。　　　백운과 더불어 벗을 삼지 않았느니라

55.

貌頹骨剛人不顧。　　　모습은 초췌해도 골격은 강인한데 사람들 돌아보지 않

取相凡夫豈易猜。 는구나

子貢不知藜藿味。 모습을 취하는 범부가 어찌 쉽게 헤아리리오

空馳駟馬入門來。 자공子貢은 콩잎의 맛을 알지도 못하면서

쓸데없이 사마駟馬를 달려 문으로 들어오는구나

56.

窮釋子。續真風。 곤궁한 불제자 진풍真風을 이으니

三世如來格調同。 삼세三世 여래如來와 격조格調가 같도다

莫訝通身無所有。 온 몸에 아무것도 가진 게 없다 놀라지 마라

伊家活計本來空。 이 집안 살아날 계책은 본래 공함이니라

57.

口稱貧。心煥爾。 입으로 가난하다 칭하나 마음은 밝으니

城市山林無所止。 마을城市에도 산山林에도 머물 곳이 없어라

著箇孃生破布衫。 걸친 것이라곤 어머니가 만들어주신 떨어진 베적삼

幾經劫火長如此。 겁화劫火를 몇 번이나 겪도록 늘 이랬네

58.

實是身貧道不貧。 실제로는 몸이 가난하지 도는 가난하지 않으니

囊無一物度青春。 주머니에 한 물건도 없이 푸르른 봄을 보낸다

報爾世人休取相。 너희 세상 사람들에게 알리나니 모습을 취하지 말지어다

一番拈起一番新。 한번 들 때마다 늘 새로우니라

59.

貧即身常披縷褐。 가난해서 몸엔 항상 누더기를 걸치니

相逢不用笑鑑縿。 만났을 때 해어졌다고 비웃지 마라

有時抖擻閑提起。 이따금씩 털어 한가로이 들고 다니니

勝得空披錦綉衫。 공연히 걸치는 비단적삼보다 훨씬 낫다네

60.

道即心藏無價珍。 도로는 마음에 값을 매길 수 없는 보배를 간직하였으니

世出世間難可比。 세간과 출세간에서 비교하기 어렵구나

五蘊山前著眼看。 　　　　오온伍蘊의 산 앞에서 눈을 뜨고 살펴보라

點著不來千萬里。 　　　　찍어 보였는데도 돌아오지 않으니 천만리로다

61.

無價珍。寶之寶。 　　　　값을 매길 수 없는 보배여, 보배 중에 보배로구나

搜徧龍宮無處討。 　　　　용궁에서 아무리 뒤진들 얻을 곳이 없으리라

直饒舶主善機宜。 　　　　아무리 뱃사공이 기의機宜를 잘한다 해도

開口論量定相惱。 　　　　입을 열어 논의하면 반드시 서로를 괴롭히는 게 된다네

62.

用無盡。豈能過。 　　　　써도 다함이 없음이여, 어찌 이보다 나을까

今古源源若逝波。 　　　　예나 지금이나 끊임없으니 아득히 흐르는 저 물결 같네

悲願所薰方至此。 　　　　비원悲願에 훈습되어 비로소 여기에 이르니

毗耶香飯未為多。 　　　　비야리성의 향반香飯도 많은 것이 아니로다

63.

利物應形終不悋。 　　　　만물을 이롭게 하고 시절에 응하며 끝내 아끼지 않으니

還似龍王降雨初。 　　　　용왕이 비 내리게 하는 단초가 또 이와 같으니라

舉意風雲天下徧。 　　　　뜻을 가지면 바람과 구름이 천하에 가득하니

有何花木不沾濡。 　　　　어느 꽃과 나무인들 젖지 않겠는가

64.

三身四智體中圓。 　　　　삼신三身과 사지四智가 체體 가운데 원만하니

此體從來無有二。 　　　　이 체는 예로부터 둘이 없었다네

若於自性絕追求。 　　　　만약 자성自性에서 추구하는 일 그치면

萬種名言非實義。 　　　　만 가지 이름과 말이 진실한 뜻이 아니리라

65.

八解六通心地印。 　　　　팔해탈八解脫과 육신통六神通은 심지心地의 인印이니

泥水空三用莫齊。 　　　　진흙과 물과 허공의 세 가지 그 사용이 가지런하지 않다

獨有鐵牛曾搭處。 　　　　오직 철우鐵牛에만 찍힌 곳 있나니

竹林東畔石橋西。 　　　　죽림竹林의 동쪽이요, 석교石橋의 서쪽이니라

66.

上士一決一切了。 상사上士는 단번에 결단하여 일체를 통달하나니

勢若崩山不小留。 산을 무너뜨리는 기세로 조금도 머뭇거리지 않는다

豈似刻舟求劍者。 어찌 같을까, 떨어뜨린 곳 배에 새겨 칼을 찾으려는 사람과

舟移猶自守船頭。 배가 가는데도 여전히 홀로 뱃머리만 지키는구나

67.

中下多聞多不信。 중사中士 하사下士는 많이 들을수록 더욱 믿지 않으니

只為離家歲月長。 그저 집 떠난 세월만 길어지는구나

勸爾從今息求索。 그대에게 권하노니 지금부턴 찾지 마라

自有珍財滿故鄉。 그대가 가진 보배와 재물 고향에 가득하니라

68.

但自懷中解垢衣。 다만 자기의 품에서 때 묻은 옷만 벗을 것이니

此衣從來亦無價。 이 옷은 예전부터 또 값이 없던 것이니라

如今線綻體全彰。 이제 실이 뜯어져 온몸이 모두 드러났으니

更莫區區尋縫䃽。 다시는 구질구질하게 꿰맨 틈을 찾지 말지어다

69.

誰能向外誇精進。 누가 밖을 향해 정진精進을 자랑하겠는가

取捨心生染汙人。 취하고 버리는 마음이 생기면 사람을 더럽히네

桃源洞裏花開處。 도원桃源의 골짜기 속 꽃피는 곳엔

不待東風自有春。 동풍을 기다리지 않고 스스로 봄이니라

70.

從他謗。意安寧。 남들의 비방 따름이여, 마음은 편안하니

一切言語但風聲。 일체의 언어는 그저 바람소리일 뿐

木人花鳥曾相遇。 목인木人이 꽃과 새를 만난 적은 있지만

彼若無情自不驚。 그는 뜻이 없어 스스로 놀라지 않는다네

71.

任他非。非亦是。 남들의 비난에 맡겨둠이여, 그릇됨이 또 옳음이니

非是何曾達了義。　　그름과 옳음으로 언제 요의了義를 통달한 적 있던가

了義將何為指陳。　　요의를 무엇으로 가르치고 펴야 할까

春深花落莓苔地。　　봄이 깊어지니 꽃이 이끼 긴 땅에 떨어지는구나

72.

把火燒天徒自疲。　　횃불을 들고 하늘을 태움이라 부질없이 자신만 피로하니

蒼蒼豈解生煩惱。　　창창한 하늘이 어찌 번뇌를 일으키랴

若將自己合虛空。　　만약 자기를 가지고 허공에 합한다면

即是如來真實道。　　곧 이것이 여래의 진실한 도이니라

73.

我聞恰似飲甘露。　　내가 듣기에는 마치 감로甘露를 마심과 같아서

一滴能令萬病消。　　한 방울로도 능히 만병을 없앤다네

高臥山堂寂無事。　　산당山堂에 높이 누워 고요하고 일 없으니

任他今日又明朝。　　오늘이건 또 내일 아침이건 그대에게 맡겨둔다

74.

消融頓入不思議。　　녹여서 단박에 부사의不思議로 들어간다 하셨으나

如今不必更消融。　　이제 굳이 다시 녹일 필요는 없어라

直下分明猛提取。　　바로 그 자리에 분명하니 용맹하게 붙잡아라

數竿脩竹一堂風。　　두어 줄기 긴 대나무와 외딴 집에 부는 바람이니라

75.

觀惡言。　　모진 말을 관찰하라

若了無言理不偏。　　말이 없다는 걸 깨달으면 이치가 치우치지 않으리니

幾度江風連日起。　　몇 차례나 강풍이 여러 날 불었지만

未聞沈却釣魚船。　　고기잡이 배 가라앉았다는 말 듣지 못했느니라

76.

是功德。　　이것이 공덕이니

慧劍親揮煩惱賊。　　지혜의 검을 번뇌의 도적에게 직접 휘둘러라

煙塵埽盡却歸來。　　연기와 먼지 다 쓸어버리고 돌아오면

一色一香皆淨國。　　　한 빛깔一色 한 향기一香 어디든 정토리라

77.

此即成吾善知識。　　　그가 곧 나의 선지식이 되니

忍心如幻攪無痕。　　　참는 마음 허깨비 같아 휘저어도 흔적이 없네

達多親授靈山記。　　　제바달다提婆達多에게 직접 영상靈山의 기별 주셨으니

銘骨如何報此恩。　　　뼈에 새긴들 어찌 이 은혜를 갚을 수 있으리오

78.

不因訕謗起怨親。　　　비방을 따라 원수와 친구가 생기지 않는다면

爭識曹溪路上人。　　　조계의 길 가는 사람 어떻게 알아보랴

曾渡流沙天未曉。　　　일찍이 사막을 하늘이 밝기 전에 건너셨으니

至今滿面是埃塵。　　　오늘에 이르러 온 얼굴에 때와 먼지로다

79.

何表無生慈忍力。　　　무생無生의 자비와 인욕의 힘을 어찌 나타내리오

無生自證忍還忘。　　　무생을 스스로 증득하면 인욕 또한 잊으리라

年來老大歸何處。　　　나이만 먹어 늙어가니 어디로 돌아갈까

刹刹塵塵是故鄉。　　　찰찰 진진이 모두 고향이로다

80.

宗亦通。真秘訣。　　　종지를 통달하니, 진실한 비결이라

摩竭當年曾為說。　　　마갈타摩竭陀에서 그해에 일찍이 말씀하셨네

文殊撞倒老維摩。　　　문수文殊가 늙은 유마維摩를 들이받아 쓰러뜨렸으니

至今有理難分雪。　　　오늘에 이르기까지 이치가 있지만 조금이나마 설욕하

　　　　　　　　　　기 어렵구나

81.

說亦通。義無量。　　　설법도 통달하니, 뜻이 끝이 없도다

應感隨機為宣暢。　　　정성에 응하고 근기에 따라 널리 선양하시네

若得因言達本根。　　　만약 말을 인하여 본래의 근원을 안다면

止啼黃葉知虛妄。　　　울음 그치는 누런 잎이 거짓인 줄 알리라

82.

定慧圓明不滯空。 　　선정과 지혜 원만히 밝아 공에 막히지 않으니

上下悠悠無覓處。 　　아래로 위로 유유悠悠하여 찾을 곳이 없어라

有時自與白雲來。 　　이따금 스스로 흰 구름과 함께 찾아오더니

昨夜還隨明月去。 　　어젯밤엔 다시 밝은 달을 따라갔다네

83.

非但我今獨達了。 　　나만 지금 홀로 깨달은 것 아니다 하셨으니

是我何昔落見知。 　　그 내가 언제 지견知見에 떨어진 적 있던가

有我直應還未達。 　　내가 있다 한다면 도리어 통달하지 못한 것이고

若言無我更愚癡。 　　내가 없다 말한다면 더 어리석은 것이니라

84.

恒沙諸佛體皆同。 　　항하사 같은 모든 부처님 체體는 다 같으니

此體從來無間斷。 　　이 체는 예로부터 끊어진 적 없어라

欲知此體為君宣。 　　이 체를 알고 싶다면 그대에게 펼치리니

漁人笑立蘆花岸。 　　어부가 갈대 꽃 언덕에서 웃으며 서 있느니라

남명천화상송증도가 사실 제2권

서룡 선노 □연 지음

85.

師子吼。響而圓。 　　사자의 포효여, 그 소리 원만하니

振徹幽微力自全。 　　깊고 미미한 곳까지 진동시키며 힘이 저절로 완전하구나

有情昏暗蒙開曉。 　　유정들의 어두운 그 힘을 입어 새벽을 여니

長似春雷發半天。 　　하늘 한가운데 울리는 봄날 우레와 꼭 같도다

86.

無畏說。不迂斜。 　　두려움 없는 설법이여, 왜곡되거나 어긋나지 않으니

凡聖都如病眼花。 　　범부와 성인 모두 병든 눈의 헛꽃 같아라

荊棘林中啟行路。 　　가시덤불 숲 가운데 다닐 길을 여시니

相將共到法王家。 　　서로 어울려 다 함께 법왕의 집에 이른다

87.

百獸聞之皆腦裂。 온 짐승들 그 소리 듣고 모두 뇌가 파열되니

還如魔衆聞真說。 온갖 마귀 진리의 말씀을 들음과 또 같아라

愁怖歸來失舊容。 걱정과 두려움에 잠겨 돌아가며 옛 모습을 잃었으니

不知本自無生滅。 본래 생멸이 없음을 알지 못한 까닭이니라

88.

香象奔波失却威。 향상香象은 분주히 달아나며 위엄을 잃으니

二乘證性還如此。 이승二乘이 성품을 증득함 역시 이와 같다

不知煩惱即菩提。 번뇌가 곧 보리인 줄 알지 못하고

自取泥洹厭生死。 스스로 니원泥洹을 취하며 생사를 싫어하는구나

89.

天龍寂聽生忻悅。 하늘과 용은 고요히 듣고 기쁨과 희열을 일으키니

含生從此盡依歸。 함생含生이 이로부터 다 귀의하는구나

幽嵓寂寂不迴首。 깊은 바위 고요한 곳에서 머리 돌리지 않더니

却向人間著弊衣。 도리어 인간세계로 향하며 해진 옷을 입는다

90.

游江海。 강과 바다를 떠돌며

窮極淵源興猶在。 깊은 못 바다 그 끝까지 찾으니 흥이 여전히 남았구나

自有金餅勝寶珠。 자신에게 있는 금병金餅이 보주寶珠보다 좋은 것인데

龍王不用空憂怪。 용왕龍王은 쓰지도 않으면서 공연히 근심하고 괴이하다

  여기네

91.

涉山川。 산과 내를 건너며

柳[木*栗]曾分野路煙。 다듬지 않은 지팡이로 들길의 연기 헤쳤었네

今日誰知當日事。 오늘날에 누가 그날 일을 알겠는가

有時閑倚草堂前。 이따금 한가롭게 초당草堂에 기대본다

92.

尋師訪道爲參禪。 　　스승 찾아 도를 묻고 참선하였네

何事玄沙不出嶺。 　　무슨 일로 현사玄沙는 고갯마루를 넘지 않았을까

嗟爾今人若自欺。 　　슬프다, 요즘 사람들 괴롭게도 스스로 속아

撞破額頭猶未省。 　　들이받아 이마가 터지면서 그래도 정신을 못 차린다

93.

自從認得曹溪路。 　　조계의 길을 알고부터는

鉢袋針筒日日開。 　　발우주머니와 침통을 날마다 편다네

若見當年奔逐者。 　　만약 그해처럼 분주히 쫓는 사람 보거든

爲傳盧老待君來。 　　그에게 전하라, 노盧씨 늙은이가 그대가 오길 기다린다고

94.

了知生死不相干。 　　삶과 죽음이 서로 간섭하지 않음을 분명히 앎이여

若了死生無去住。 　　만약 생사를 분명히 알면 가고 머묾도 없도다

跋提當日有遺風。 　　발제跋提에서 그날 유풍遺風이 계셨으니

雙擧金趺向鶴樹。 　　금빛 두 발을 드러내고 학수鶴樹를 향하셨느니라

95.

行亦禪。 　　걷는 것도 선禪이니

不落中間與二邊。 　　중간과 양변에 떨어지지 않는다

熊耳老師曾漏洩。 　　웅이산熊耳山 노사께서 누설하신 적 있으시니

獨携隻履到西天。 　　홀로 신 한 짝 들고 서천으로 가셨느니라

96.

坐亦禪。 　　앉는 것도 선이니

非擧非沈豈兀然。 　　도거도 아니고 혼침도 아닌데 우두커니 있는 것이겠는가

遊子不知春已去。 　　유랑하는 아들 봄이 벌써 지난 줄 몰라

誤聽黃鸝作杜鵑。 　　꾀꼬리 소리를 듣고서 두견새라 여긴다

97.

語默動靜體安然。 　　말하건 침묵하건 움직이건 고요하건 체가 편안하니

萬境來侵渾不動。 온갖 경계 침해해도 모름지기 움직이지 않는구나

著却當年破草鞋。 그해 떨어진 짚신을 신었더니

護身符子全無用。 호신부자護身符子도 모두 쓸 곳 없더라

98.

縱遇鋒刀常坦坦。 날카로운 칼날 만나더라도 항상 태연하니

蘊空已證即亡身。 오온의 공함 이미 증득해 곧 몸을 잊었네

臨危莫訝無憂怖。 어려움을 만나 두려움 없음을 의심하지 마라

祖父同家是此人。 할아버지나 아버지처럼 한집에 사는 그런 사람이니라

99.

假饒毒藥也閑閑。 가령 독약이라 해도 한가롭고 한가롭나니

曾得金人護生訣。 일찍이 금인으로부터 생명을 보호하는 비결을 얻었네

只聞凍水怯春風。 꽁꽁 언 강물이 봄바람 무서워한단 소린 들었지만

未見濁泥汙明月。 더러운 흙이 밝은 달을 더럽히는 건 본 적 없어라

100.

我師得見然燈佛。 우리 스승께서는 연등불然燈佛을 뵙고

布髮泥塗志不移。 진흙길에 머리카락 깔며 뜻을 움직이지 않으셨네

今日如來還出現。 오늘날에 여래가 또 출현했으니

休言無復似當時。 그때만 못하다 소리 하지 마라

101.

多劫曾為忍辱仙。 여러 겁 동안 일찍이 인욕선인忍辱仙人 되셨으니

性等虛空離瞋意。 성품이 허공 같아 진심瞋心을 여의셨네

寶刀無刃謾持來。 보배칼 날이 없거늘 헛되이 가지고 오니

幾為歌王悲不已。 몇 번이나 가리왕歌利王을 위해 슬픔을 참지 못했던가

102.

幾迴生。 몇 번이나 태어났던가

長夜冥冥信脚行。 긴긴 밤 캄캄한데 발길 따라가는구나

改頭換面無窮日。 머리 고치며 얼굴 바꿈이 다할 날 없었으니

忘却當年舊姓名。　　　　　그해의 옛 이름은 잊어버렸네

103.

幾迴死。　　　　　　　　　몇 번이나 죽었던가
積骨如山猶未已。　　　　　뼈를 쌓으면 산과 같은데 아직도 그만두지 않네
山前野老若相逢。　　　　　산 아래 시골 늙은이 만약 서로 만난다면
蛙步不移歸故里。　　　　　반 걸음도 옮기지 않고 옛 마을로 돌아가리라

104.

生死悠悠無定止。　　　　　삶과 죽음 유유히 흐르며 멈춤이 없고
貪癡如酒醉難醒。　　　　　탐욕과 미혹 술과 같아 취하면 깨기 어려워라
冥然不記還家路。　　　　　집으로 돌아가는 길 까마득히 생각나지 않으니
飄去沈來似水萍。　　　　　바람에 밀려갔다 물결에 밀려오는 부평초 같구나

105.

自從頓悟了無生。　　　　　단박에 깨달아 무생無生을 알고부터는
性種熏成斷憎愛。　　　　　불성의 종자 훈습하여 성취하고 미움과 사랑 끊었네
是名是相絶纖毫。　　　　　이런 이름 이런 모습이란 게 털끝만큼도 없으니
海闊山高人不會。　　　　　바다 넓고 산 높음을 사람들이 알지 못하는구나

106.

於諸榮辱何憂喜。　　　　　온갖 영욕에 어찌 근심하고 기뻐하리오
如石逢春不變春。　　　　　돌이 봄을 만난 것과 같아 봄에도 변하지 않네
試問庭前桃李樹。　　　　　시험 삼아 뜰 앞의 복숭아나무 배나무에게 물어봐라
花開花落爲誰人。　　　　　꽃 피고 꽃 떨어짐 누구를 위한 것이냐고

107.

入深山。　　　　　　　　　깊은 산에 들어가
自樂朝昏養病顏。　　　　　아침저녁으로 병든 얼굴 봉양함을 스스로 즐긴다
時人欲識嵓中意。　　　　　요즘 사람들 바위 가운데 뜻 알고 싶다면
幽禽時與斷雲還。　　　　　깊이 숨은 새 때때로 조각구름과 함께 돌아오느니라

108.

住蘭若。

遠離塵囂眞靜者。

請看終日縱心猿。

何似深居調意馬。

난야蘭若에 머무름이여

세속의 시끄러움 멀리 벗어난 진실로 고요한 사람이로다

청하노니 하루 종일 방종한 마음의 원숭이를 보라

어찌 깊은 곳에서 살며 의식의 망아지 길들이는 것만
하겠는가

109.

岑崟幽邃長松下。

一念凝然萬慮灰。

塵中一徑連峯頂。

誰解偸閑向此來。

험준한 봉우리에 깊은 골짜기 큰 소나무 아래라

일념一念이 엉기니 만 가지 사려가 재가 되네

홍진세계 가운데 한 길 산꼭대기까지 이어졌으니

누가 한가로움 벗어던지고 이곳으로 찾아올까

110.

優遊靜坐野僧家。

困即閑眠渴即茶。

暑往寒來何所有。

一條雲衲是生涯。

편안하게 노닐고 고요히 좌선하는 시골 중의 집

고단하면 한가롭게 졸고 목마르면 차 마신다

더위 가고 추위 옴에 가진 게 무엇인가

한 벌 구름 같은 누더기 이것이 나의 생애로다

111.

閒寂安居實蕭洒。

密密行藏不露蹤。

千眼頓開無覓處。

等閑門下却相逢。

고요하고 편안한 거처 진실로 소쇄하구나

밀밀히 실행하고 간직하며 자취를 드러내지 않는다

천 개의 눈을 단박에 떠도 찾을 곳 없지만

마음에 두지 않으면 문 아래서 도리어 서로 만나리라

112.

覺即了。

日午三更半夜曉。

桃花才謝杏花開。

始信從來無欠少。

깨치면 그만이니

정오가 삼경이요 한밤이 새벽이로다

복숭아꽃 지자마자 살구꽃이 피어나니

예로부터 부족하지 않았음을 비로소 믿겠다

113.

不施功。

공들이지 않음이여

欲識無功恰似風。

공용 없음을 알고 싶은가, 흡사 바람과 같으니라

無瞋無喜無心意。

성냄도 없고 기쁨도 없고 마음과 뜻 모두 없지만

吹沙鼓霧滿晴空。

모래를 날리고 안개를 두드리며 맑은 허공을 가득 채운다네

114.

一切有為法不同。

일체의 유위법과 같지 않으니

好滌心源求出離。

마음의 근원을 잘 씻어서 벗어나기를 구하라

露滴漚沈瞬息間。

이슬의 떨어짐 물거품의 사라짐 눈 깜짝할 사이니

浮生萬物皆如是。

헛되게 살아가는 만물이 모두 이와 같으니라

115.

住相布施生天福。

상相에 머무는 보시는 하늘에 태어날 복이니

玉殿花臺任意過。

옥으로 만든 궁궐 연화대에 마음대로 가리라

休言拂石能堅久。

불석拂石은 견고해 오래 갈 것이라 장담하지 마라

若比無生是刹那。

무생無生과 비교하면 찰나일 뿐이니라

116.

猶如仰箭射虛空。

화살을 위로 허공에 쏘는 것과 같으니

是箭無由空裏奠。

그 화살이 허공에 머무를 까닭이 없다네

須求實相趣菩提。

반드시 실상을 구해 보리로 나아가야만

免向三途換頭面。

삼도三途에서 머리와 얼굴 바꾸는 일 벗어나리라

117.

勢力盡。漸傾欹。

세력이 다함이여, 점점 기울어지니

猶若天人見五衰。

하늘 사람에게 다섯 가지 쇠퇴함 나타남과 같다

憔悴始憂圄辟苦。

초췌해지고서야 비로소 영벽圄辟의 고통 걱정하니

不似歡園正樂時。

환락의 동산에서 즐겁게 돌던 때와는 같지 않으리라

118.

箭還墜。極方休。
화살이 도로 떨어짐이여, 지극하면 반드시 그치게 되니

識浪飄飄若散漚。
표표히 떠도는 식의 물결 흩어지는 물거품 같으리라

還隨習業重牽去。
다시 익숙한 업을 따라 거듭 끌려가니

到此何嘗得自由。
그 지경이 되면 어떻게 자유로울 수 있겠는가

119.

招得來生不如意。
뜻과 같지 않은 내생을 초래하리니

為因不正果還頗。
인因이 바르지 않아 과果가 또 그렇구나

行檀須使三輪淨。
보시를 행하되 모름지기 삼륜三輪을 깨끗이 한다면

罪福雖靈奈爾何。
죄와 복이 비록 신령하다한들 그대를 어쩌겠는가

120.

爭似無為實相門。
어찌 무위의 실상문實相門만 하겠는가

欲知實相實無相。
실상實相을 알고 싶은가, 진실로 상相이 없는 것이니라

春至幽禽盡日啼。
봄이 되니 깊이 숨은 새 종일 울어대고

月出漁舟連夜放。
달 솟으니 고기잡이 배 밤새워 다니는구나

121.

一超直入如來地。
한번 뛰어넘어 곧장 여래지如來地로 들어가니

頓證何須滿月容。
단박에 증득하는데 보름달 같은 용모를 구하겠는가

還似龍門魚化日。
용문龍門에서 고기가 변화하는 날과 꼭 같으니

一聲雷後覓無蹤。
한 소리 우레 뒤엔 찾아도 종적이 없느니라

122.

但得本。
근본만 얻을 뿐이니

終朝更不勞脣吻。
아침이 다하도록 다시 입술 피로하게 하지 마라

一飽膨脝萬事休。
한번 먹음에 배불러 만사를 쉬면서

任他人笑無思忖。
남들의 비웃음 내버려두고 괘념치 않는다네

123.

莫愁末。
지말은 걱정하지 마라

世界無窮都一撮。　세계가 끝이 없지만 모두 단번에 걷어잡느니라

折脚鐺兒不借人。　다리 부러진 큰 솥 남에게 빌리지 않았으니

煮粥煎茶自提掇。　죽 끓이고 차 달이며 스스로 붙잡는다네

124.

如淨琉璃含寶月。　청정한 유리가 보배달을 머금은 것과 같으니

體用相交璨爾明。　체體와 용用이 서로 섞여 맑고 또 밝도다

有眼不能窺髣髴。　눈으로 보면 비슷하게도 엿볼 수 없지만

無心方見本圓成。　무심하면 본래 원만하게 이루어져 있음 비로소 보리라

125.

我今解此如意珠。　내 이제 이 여의주如意珠를 이해하니

迸出寒光千萬仞。　솟아나는 서늘한 광명 천만 길이나 되는구나

四生六類恣須求。　사생四生과 육류六類여 마음대로 구할지어다

世界有窮此無盡。　세계는 다함이 있지만 이것은 다함이 없느니라

126.

自利利他終不竭。　자리와 이타 끝내 다함이 없으니

悲水心花半夜開。　자비의 물로 마음의 꽃이 한 밤에 피어나네

金殿玉堂留不住。　금전金殿 옥당玉堂에 머물러 있지 아니하고

披毛戴角又重來。　털 뒤집어쓰고 뿔 달고서 또다시 오는구나

127.

江月照。　강물엔 달 비치니

衲子家風最為要。　납자의 가풍이 가장 중요하다

夜靜同誰話此心。　밤 고요한데 누구와 함께 이 마음 이야기할까

亂山時有孤猨叫。　난산亂山에 때때로 외로운 원숭이 우는구나

128.

松風吹。　솔바람 불어오니

拂面蕭蕭無盡時。　얼굴을 스치며 소소蕭蕭하게 다할 때가 없어라

根下茯苓神入妙。　뿌리 아래 복령茯苓이 신령하여 미묘함에 들었으나

往來樵子幾人知。 가고 오는 나무꾼 몇 사람이나 알까

129.

永夜清霄何所為。 긴 밤 맑은 하늘에 무엇을 할까

行時行又坐時坐。 다닐 때는 다니고 앉을 때는 앉는다

馬生雙角瓮生根。 말에게서 두 뿔이 나고 항아리에 뿌리 돋아도

終不為君輕說破。 끝끝내 그대 위해 가볍게 말하지 않으리라

130.

佛性戒珠心地印。 불성佛性과 계주戒珠는 마음 땅의 인印이니

普天帀地勿遺餘。 하늘을 덮고 에워싼 땅에 빈자리가 없구나

茫茫蠢蠢皆同有。 끝없는 온갖 벌레들까지 다 함께 가지고 있는데

誰道唯傳碧眼胡。 푸른 눈 오랑캐만이 전했다고 누가 말하는가

131.

霧露雲霞體上衣。 안개와 이슬 구름과 노을은 몸에 걸친 옷이니

衣體從來無別號。 옷과 몸은 예전부터 다른 이름 없느니라

休言一物不持來。 한 물건도 가져오지 않았다고 말하지 마라

大地山河皆我造。 대지와 산하가 다 내가 지은 것이니라

132.

降龍鉢。體堅牢。 용을 항복받은 발우여, 체體가 견고하니

展盡空通莫可逃。 신령한 신통 아무리 펴도 도망치지 못하리라

大千沙界曾盛去。 대천사계도 일찍이 담아간 적 있었으니

不怕拏雲萬丈高。 구름을 잡는 일도 만장의 높음도 염려하지 않는다네

133.

解虎錫。響遙空。 호랑이 싸움을 말린 석장이여, 그 소리 허공에 아득하니

分鬪曾飛入亂峯。 싸움 말리자 일찍이 어지러운 봉우리로 날아갔네

不識怨親同一體。 원수와 친구 한 몸인 줄 알지 못하는 이들

謾誇王屋有遺蹤。 옥왕산王屋山에 남은 자취 있다고 쓸데없이 자랑하는구나

134.

兩鈷金鐶鳴歷歷。　　　두 개의 고鈷에 쇠고리 역력하게 울리니

只此圓通爲指南。　　　오직 이는 원통圓通을 지남指南으로 삼음이라

若見觀音眞住處。　　　만약 관음의 진짜 거처를 본다면

方知不在寶陀嵓。　　　보타암寶陀巖에 있지 않음을 비로소 알 것이다

135.

不是標形虛事持。　　　이는 모양을 표시하려고 헛되이 지니는 것이 아니라

欲使因聞自迴向。　　　이 소리 듣고 스스로들 회향하게 하려는 것이다

忽於聽處覓無蹤。　　　문득 들리는 곳에서 찾아도 자취 없거든

更看迦葉古時樣。　　　다시 가섭의 예전 모양을 보라

136.

如來寶杖親蹤跡。　　　여래의 보장寶杖은 몸소 보이신 자취이니

能與生靈斷網羅。　　　능히 생령들의 그물을 끊어준다

兩鈷六鐶雖善表。　　　양쪽 고鈷에 여섯 고리 비록 좋은 표치標幟이나

不識全提未足多。　　　온전히 지님 알지 못하면 충분하다 하지 못한다

137.

不求眞。　　　진실을 구하지 않으니

求眞便是有疎親。　　　진실을 구하면 곧 성글고 친함이 있는 것이다

試將金屑安雙眼。　　　시험 삼아 금가루를 가져다 두 눈에 넣어보라

雖貴如何不礙人。　　　비록 귀하긴 하나 어찌 사람을 장애하지 않겠는가

138.

不斷妄。　　　허망도 끊지 않으니

妄與眞源同一相。　　　허망과 진실은 근원이 같아 한 모습이니라

曾看江上弄潮人。　　　강에서 조수를 희롱하는 사람을 본 적이 있는데

未聞愛水嫌波浪。　　　물은 좋아하지만 파도는 싫다는 말 듣지 못했다

139.

了知二法空無相。두 가지 법이 공하여 상相이 없음을 분명히 알 것이니

真妄忘來妄是真。진실과 허망을 잊으면 허망이 곧 진실이다

若謂是真還是妄。만약 이것이 진실이라 하면 도리어 그것이 허망이요

若忘真妄更愁人。만약 진실과 허망을 잊었다고 하면 다시 사람을 근심
케 하는 것이니라

140.

無相無空無不空。상相도 없고 공空도 없으며 공하지 않음도 없으니

無去無來無所止。감도 없고 옴도 없고 머물 곳도 없다네

松下清風埽盡苔。솔 아래 맑은 바람 이끼를 쓸어 없애니

茅菴依舊白雲裏。초가 암자는 예전처럼 흰 구름 속이로다

141.

即是如來真實相。곧 이것이 여래의 진실한 모습이니

明月蘆花色莫齊。밝은 달과 갈대꽃은 색이 비슷하지 않다네

普眼當時無覓處。보안보살이 당시에 찾을 수 없던 곳이여

夜來和雨宿寒溪。밤에 비와 섞여 찬 내에서 자도다

142.

心鏡明。耀遐邇。마음 거울이 밝아 멀건 가깝건 다 비추니

果日昇空難可比。맑은 해 허공에 올라도 가히 비교하기 어렵구나

一片寒光湛不流。한 조각 서늘한 빛은 맑고 흐르지 않으니

大千沙界從茲起。삼천대천 항하사 세계가 이로부터 일어난다

143.

鑒無礙。絕毫釐。비춤이 막힘없어 털끝조차 끊어지니

萬狀千形共不知。만 가지 형상 천 가지 모습을 다 알지 못한다

寂寂光中人去後。고요하고 고요한 빛 속에 사람 사라진 뒤에

鼻似眉毛是阿誰。코가 눈썹 같으니 이는 누구인가

144.

廓然瑩徹周沙界。 흰하고 맑게 사무쳐 항하사 세계에 두루하니

相見全非舊日顏。 서로 만남에 완전히 옛 모습이 아니로다

莫謂從來無覓處。 예로부터 찾을 곳이 없다고 말하지 마라

有時擺尾上南山。 이따금 꼬리 흔들며 남산南山에 오른다네

145.

萬象森羅影現中。 만상萬像과 삼라森羅의 그림자 그 가운데 나타나니

法法非虛亦非實。 법마다 허망이 아니요 또 진실도 아니구나

是名是相本無生。 이 이름 이 모습이 본래 무생無生이니

眾毛師子一毛畢。 털이 많은 사자가 하나의 털이면 끝이로다

146.

一顆圓光非內外。 한 알의 둥근 광명 안팎이 아니니

近無形狀遠無垠。 가까이 가면 형상 없고 멀리 가면 끝이 없다

兒童不識空名邈。 아이들 알지 못하고서 헛되이 이름을 짓고는

却道團團似月輪。 둥글고 둥근 것이 마치 달 같다고 말들 한다

147.

豁達空。魔所誘。 활달공豁達空은 마귀가 권하는 바라

只言萬物都無有。 그저 만물萬物이 전혀 없다고만 말하는구나

去路猶賒日已西。 가야 할 길 아직 먼데 해는 벌써 서산에 지니

可憐獨似喪家狗。 불쌍하다, 꼭 집 잃은 개 같구나

148.

撥因果。更堪傷。 인과因果를 없애버리니 더욱 쓰라리도다

迷失夷途暗且狂。 어리석어 평탄한 길을 잃으니 어둡고 또 미쳤다

苦楚他時親受處。 쓰라린 고통 다른 날 직접 받는 곳에서

始知善惡業難忘。 선악의 업 잊기 어려운 줄 비로소 알리라

149.

漭漭蕩蕩招殃禍。 망망하고 탕탕하게 재앙과 허물을 초래하니

惡不加悛善不修。 악을 고치지 않고 선을 닦지도 않는구나

無悟無迷開口是。 깨달음도 없고 미혹함도 없다고 말하는 것이 바로 그

泥犁未到卒難休。 것이니

지옥에 닿지 않으면 끝끝내 그치기 어려울 것이다

150.

弃有著空病亦然。 유를 버리고 공에 집착해도 병들기는 마찬가지니

背空取有還如是。 공을 버리고 유를 취함도 또한 이와 같다

鉢袋持來夜未央。 발우 주머니를 지니고 왔지만 밤이 밝지 않았으니

老盧只見錐頭利。 늙은 노행자盧行者 그저 송곳 끝의 날카로움만 보았을

뿐이네

151.

猶如避溺而投火。 물에 빠지는 것 피하려고 불구덩이에 뛰어드는 것과

水火雖殊害豈差。 같으니

若入荒田隨手得。 물과 불이 비록 다르나 해가 어찌 다르겠는가

不勞移步便還家。 만약 거친 밭에 들어가 손에 닿은 대로 얻으면

수고롭게 걸음 옮기지 않고도 곧 집에 돌아오리라

152.

捨妄心。 망심妄心을 버리니

將心除妄妄還深。 마음으로 허망을 없애면 허망이 도리어 깊어진다네

了妄即真真不有。 허망이 곧 진실이고 진실도 있지 않음을 깨닫는다면

一條麻線兩條針。 한 가닥 삼실에 두 개의 바늘이리라

153.

取真理。 진리를 취하나니

片甲纖鱗未為美。 편갑片甲과 섬린纖鱗은 아름답지 않다

木女穿雲笑不休。 목녀木女는 구름 뚫고 웃음 그치지 않거늘

大洋海底紅塵起。 대양 바다 밑에서 붉은 먼지 일어나는구나

154.

取捨之心成巧偽。 취하며 버리는 마음이 교묘한 거짓을 이루니

真妄須知性不殊。 진실과 허망 성품이 다르지 않음을 반드시 알아야 한다

半滅半生修至道。 반은 멸하며 반은 생한다고 여겨 지극한 도를 닦으면

還如登木望芙蕖。 나무에 올라가 연꽃을 찾는 것과 또한 같으니라

155.

學人不了用修行。 배우는 사람들 알지 못하고 수행을 하니

了得修行豈虛妄。 알고 수행한다면 어찌 허망하겠는가

若將瓮響作鐘聲。 만약 항아리 소리를 가지고 종소리라 여긴다면

不獨無實兼自誑。 사실이 아닐 뿐만 아니라 또 스스로를 속이는 것이니라

156.

深成認賊將為子。 참으로 도둑을 오인해 아들로 삼는 것이 되니

愛妄纏心不自知。 허망을 사랑해 마음을 얽매며 스스로 알지 못하는구나

待到年窮君自看。 세월이 다할 때까지 기다렸다 그대 스스로 보라

荒涼家業更由誰。 황량해진 가업이 또 누구 때문인지

157.

損法財。功自弃。 법재法財를 손해보고 공功을 스스로 버렸으니

往返三途何所恃。 삼도三途를 오고가며 어느 곳에 의지할까

省覺由來在剎那。 정신 차려 깨닫는 일 예로부터 찰나에 있으니

不必辛勤坐獲利。 괴롭게 애쓸 필요 없이 앉은 자리에서 이익을 얻을 것이다

158.

滅功德。更何猜。 공덕功德 소멸시킴을 다시 어찌 의심하랴

五為門戶一為媒。 다섯이 문 되고 하나는 모사꾼이 된다

從前寶所無關鑰。 예로부터 보배가 있는 곳 자물쇠 잠그지 않았으니

自是時人不肯來。 그러고부터 당시 사람들 가까이 오려 하지 않았다네

159.

莫不由斯心意識。 이 심의식心意識을 말미암지 않는 것 없으니

從來共住若冤讐。 예로부터 함께 지내지만 원수와 같아라

如今已與同家業。 이제 이미 더불어 가업을 함께하니

無限珍財更不偸。 끝없는 보배와 재물 다시는 훔치지 않는구나

160.

是以禪門了却心。 이런 까닭에 선문禪門에서는 마음을 완전히 깨달아

兀兀騰騰度朝夕。 올올히 일없이 아침저녁을 지내야 할 것이니

佛祖相看驀路同。 불조佛祖들이 서로 살피는 빠른 길은 똑같으니

大暑迎凉寒向日。 한 더위엔 시원한 바람 맞고 추위에는 해를 향한다

161.

頓入無生知見力。 무생지견無生知見의 힘에 단박에 들어감이여

無生知見若爲論。 무생지견을 어떻게 논하겠는가

有時望月過深夜。 이따금 달을 바라보며 깊은 밤을 보내고

幾爲求齋到遠村。 몇 번이나 제齋를 구하러 먼 마을에 갔던가

162.

大丈夫。威且愛。 대장부여, 위엄 있고 자애로우니

草偃風行無窒礙。 풀을 눕히는 바람처럼 막힘이 없구나

不止賢愚作羽儀。 어질고 어리석은 이들 우의羽儀가 될 뿐 아니라

險惡途中人所賴。 험난한 악도에서 사람들의 의지처가 되리라

163.

秉慧劍。雪霜寒。 지혜의 검을 잡으니 눈과 서리처럼 서늘하구나

竇海何人敢正看。 하늘 아래 누가 감히 바로 쳐다볼까

剔起眉毛便歸去。 눈썹을 치켜 올리고 곧바로 돌아가더라도

髑髏峯後草漫漫。 촉수봉髑髏峯 뒤에는 풀이 가득하리라

164.

般若鋒兮金剛燄。 반야의 칼날이요 금강의 불꽃이니

堅猛能燒亂相林。 견고하고 매서워 어지러운 상相의 숲을 태워버리네

一埽更無毫髮許。 단번에 쓸어버려 다시는 머리카락 하나 없어도

傍人獨笑老婆心。　　　옆에 있는 사람 오히려 노파심^{老婆心}을 비웃는다

165.

非但能推外道心。　　　능히 외도의 마음 꺾었을 뿐만 아니니

戴盆鍱腹何窮數。　　　동이를 이고 철판을 배에 둘렀던 자들 어찌 다 헤아릴까

靈山據坐略搖鞭。　　　영산^{靈山}에서 묵묵히 앉아 잠깐 회초리만 움직이셨는데

良馬追風自迴去。　　　좋은 말은 바람을 좇아 스스로 돌아갔다네

166.

早曾落却天魔膽。　　　일찍이 천마^{天魔}의 간담을 떨어트렸으니

邪正相交勢可知。　　　삿됨과 바름이 맞붙음에 세력을 알 수 있으리라

自是汝曹憎愛重。　　　이게 다 그대들의 미움과 사랑이 무거운 탓이지

非于佛子不慈悲。　　　불자^{佛子}가 자비롭지 못한 탓은 아니니라

167.

震法雷。　　　법의 우레 진동함이여

一擊轟然徧九垓。　　　한번 내려침에 우렁찬 소리 구해^{九垓}에 가득하구나

莫謂從來無影象。　　　예로부터 그림자 형상 없었다고 말하지 마라

含靈曾為眼齊開。　　　함령^{含靈}이 일찍이 눈을 가지런히 떴느니라

168.

擊法鼓。　　　법의 북을 두드림이여

西天此土親規矩。　　　서천과 이곳에서 직접 분부하신 법도라

癡人睡重自無聞。　　　어리석은 사람 잠이 깊어 스스로 듣지 못하는 것이지

不是觀音心未普。　　　관음보살의 마음이 넓지 않아서가 아니라네

169.

布慈雲兮洒甘露。　　　자비의 구름 널리 폄이여 감로를 뿌리시니

人間天上絕纖塵。　　　인간과 천상에는 미세한 티끌마저 끊어졌어라

濛濛一味無差別。　　　촉촉이 내리는 비 한 맛이라 차별이 없어

洗出萌芽萬種新。　　　깨끗이 씻어 싹을 틔우니 만 가지가 새롭다

170.

龍象蹴踏潤無邊。　　용상龍象이 차고 밟음에 윤택함이 끝없으니

自在從橫勿羈絆。　　종횡으로 자재하며 얽매이지 않는구나

眾生未盡證菩提。　　중생이 남김없이 보리를 증득하기 전에는

終不輕離煩惱岸。　　끝내 번뇌의 언덕을 가볍게 떠나지 않으리라

171.

三乘五性皆醒悟。　　삼승三乘과 오성伍性이 모두 깨어나니

舒即參差卷即同。　　펼치면 아득히 멀어지고 거두면 곧 같다

鷰雀鸞鳳飛各異。　　제비와 참새 난새와 봉이 날아가는 것 제각기 다르나

到頭終不離虛空。　　도달하는 곳은 끝내 허공을 벗어나지 않는다

172.

雪山肥膩更無雜。　　설산雪山의 비니肥膩는 다시 뒤섞인 것 없으니

時雨時風不露根。　　때맞은 비와 때맞은 바람에 뿌리 드러나지 않는다

莫謂綿綿無一事。　　면면히 한 일도 없었다고 말하지 마라

曾傳消息到王孫。　　일찍 소식을 전해 왕손에게 이르렀느니라

173.

純出醍醐我常納。　　순수한 제호醍醐만 나와서 내가 항상 받으니

若非寶器貯應難。　　보배 그릇이 아니라면 담기 어려워라

舉世何人知此味。　　온 세상에 어느 누가 이 맛을 알까

寒山撫掌笑豐干。　　한산寒山이 손뼉 치며 풍간을 비웃는구나

174.

一性圓通一切性。　　한 성품이 일체의 성품에 원만하게 통함이여

是性悠悠一即多。　　이 성품은 유유悠悠하여 하나가 곧 여럿이다

若了一多非一異。　　만약 하나와 여럿을 깨달으면 하나도 다름도 아니니

一異無來會得麼。　　같음과 다름이 없음을 알겠는가

175.

一法徧含一切法。　　한 법이 일체의 법을 두루 포함하니

一法爲主衆爲賓。 하나의 법 주인이 되고 여럿이 손님이 된다

無主無賓卽賓主。 주인 없고 손님 없는 곳에서 곧 손님과 주인이 되니

芥納須彌不礙人。 겨자에 수미산이 들어가는 걸 사람들이 막지 못한다

176.

一月普現一切水。 하나의 달이 모든 물에 두루 나타나니

非邇非遐體自常。 가깝지도 않고 멀지도 않아 체體가 스스로 영원하다

南北東西分影去。 남북동서에 그림자 나눠 가지만

亭亭天外有餘光。 정정亭亭한 하늘 밖에 남은 빛이 있도다

177.

一切水月一月攝。 모든 물의 달을 하나의 달이 포섭하니

月不分形水不孤。 달은 모습을 나누지 않고 물은 외롭지 않다

時人未透淸波路。 요즘 사람들 맑은 물결의 길 꿰뚫지 못하여

只道寒光滿太虛。 그저 서늘한 빛이 태허에 가득하다고만 한다

178.

諸佛法身入我性。 모든 부처님의 법신이 나의 성품에 들어있으니

無我無人謾聖凡。 나도 없고 남도 없는데 헛되이 성인과 범부라 하네

幽徑落花紅似火。 깊은 오솔길에 떨어진 꽃은 붉기가 불꽃 같고

繞門流水碧如藍。 문을 휘돌아 흐르는 물은 푸르기가 쪽빛이네

179.

我性還共如來合。 나의 성품이 다시 여래와 합하니

合處非他非自己。 합한 곳은 남 아니며 자기도 아니다

須彌頂上鐵船沈。 수미산 꼭대기에서 철선이 잠기자

穿耳胡僧暗彈指。 귀 뚫은 호승胡僧 가만히 손가락을 튕긴다

180.

一地具足一切地。 하나의 지위에 모든 지위를 갖추었으니

行位差別只此身。 행위行位가 다르나 오직 이 몸일 뿐이다

歷盡僧祇三大劫。 아승기阿僧祇 세 번의 대겁大劫 다 보내고 나니

今年還似去年貧。　　　　올해도 똑같이 지난해처럼 가난하구나

181.

非色非心非行業。　　　　색色도 아니고 심心도 아니고 행업行業도 아니니
戲論言詞總不如。　　　　희론戲論하는 말들 그 무엇과도 같지 않다
唯有華山潘處士。　　　　오직 화산華山의 반처사潘處士만이
途中吟望倒騎驢。　　　　길을 가며 읊조리고 바라보다 나귀에서 거꾸러졌네

182.

彈指圓成八萬門。　　　　손가락 튕기는 사이에 팔만 문을 원만히 성취하니
八萬法門唯一處。　　　　팔만 가지 법문이 오직 한곳이다
若迷一處謾馳求。　　　　만약 한곳을 모르면 쓸데없이 치달리며 구할 것이요
一處若明無本據。　　　　한곳을 밝힌다 해도 의거할 곳 없으리라

183.

刹那滅却三祇劫。　　　　찰나에 3아승기겁 없어지게 하나니
一念無生一亦非。　　　　일념一念은 무생이요 하나 또한 아니다
大地盡同銀色界。　　　　온 대지가 다 같은 은색계銀色界이니
有何岐路不同歸。　　　　어떤 갈림길이 한곳으로 귀결되지 않겠는가

184.

一切數句非數句。　　　　일체의 수구數句와 비수구非數句여
性相分拏萬種名。　　　　성품과 모습 어지러워 만 가지 이름이로다
閉戶只言天未曉。　　　　문 닫고서 그저 날이 새지 않는다는 소리만 하고
不知門外日頭生。　　　　문밖 해 돋은 줄 알지 못하는구나

185.

與吾靈覺何交涉。　　　　나의 신령스런 깨달음과 어찌 서로 교섭하리오
千聖真機不易親。　　　　천성千聖의 진기眞機는 가까이하기 쉽지 않네
明州布袋多狂怪。　　　　명주明州의 포대布袋화상 크게 미치고 괴이하여
鬧中常把示行人。　　　　시끄러운 곳에서 항상 잡아 길 가는 이들에게 보였다

186.

不可毁。 비방할 수 없음이여

天兵魔后徒威美。 천병天兵과 마후魔后 쓸데없이 위세와 교태 부렸었네

慈光照處各歸投。 자비로운 빛 비추는 곳에서 제각각 귀의하고 투항하며

淸鏡觀來自慚恥。 맑은 거울 들여다보며 스스로 부끄러워하였다네

187.

不可讚。 칭찬할 수도 없음이여

虛空未省曾離間。 허공은 예전의 이간질조차 알지 못한다

善吉嵓中草不生。 선길善吉의 바위에는 풀이 나지 않는데

憍尸謾把天花散。 교시憍尸는 쓸데없이 하늘에서 꽃을 뿌렸네

188.

體若虛空勿涯岸。 체가 허공과 같아 한정이 없으니

秘藏微言莫可詮。 비밀히 간직한 미묘한 말씀 가히 표현하질 못한다

十聖三賢不知處。 십성十聖과 삼현三賢께서 알지 못한 곳이여

有時閑掛寺門前。 이따금 절문 앞에 한가롭게 걸려 있다

189.

不離當處常湛然。 바로 이곳을 떠나지 않고 항상 맑으니

非是衆生非是佛。 이는 중생도 아니요 부처도 아니다

驀然撞倒須彌山。 곧장 수미산을 들이받아 쓰러뜨려야

始信從來無一物。 예로부터 한 물건도 없었음을 비로소 믿으리라

190.

覓卽知君不可見。 찾으면 곧 그대가 보지 못한다는 걸 아나니

不見須從此路歸。 보지 못한 사람 반드시 이 길을 따라 돌아갈지어다

病鳥只栖蘆葉下。 병든 새야 그저 갈대 잎 아래로 숨어들지만

俊鷹才擧搏天飛。 날쌘 매는 들자마자 하늘을 차고 날아오른다

191.

取不得。 취할 수 없음이여

雲生電轉竇區黑。　　구름이 일고 번개 구르며 온 하늘이 캄캄하구나

臨濟途中空手迴。　　임제臨濟스님 도중에 빈손으로 돌아왔는데

被人剛喚白拈賊。　　억울하게도 사람에게서 백주의 날강도란 소리 들었네

192.

捨不得。　　버릴 수 없음이여

四方上下皆充塞。　　사방과 상하에 모두 충만하도다

鷟子何知欲棄捐。　　추자鷟子가 어찌 알았겠는가, 떼어버리려고만 했으니

空惹天花徧衣襪。　　공연히 하늘 꽃만 옷자락 가득 붙었네

193.

不可得中只麼得。　　얻을 수 없는 가운데에서 이렇게 얻을 뿐이니

無葉無根到處生。　　잎 없으며 뿌리 없되 가는 곳마다 태어난다

昨日開簾隨雨過。　　어제는 발을 걷자 따라서 비가 지나가더니

今朝當路礙人行。　　오늘 아침엔 길을 나서자 사람이 다니는 걸 막네

194.

默時說。暗中明。　　침묵할 때 설법함이여, 어둠 가운데 밝음이니

明暗忘來若砥平。　　밝음과 어두움을 잊으면 숫돌처럼 평평하리라

不二法門終演處。　　불이법문不二法門을 결국 펴신 곳이여

毗耶城內似雷聲。　　비야리성毗耶離城에서 우레 소리 같았느니라

195.

說時默。絶夤緣。　　설법할 때 침묵함이여, 얽매임을 끊은 것이니

縮却舌頭始解宣。　　혀끝을 말아버려야 비로소 펼치는 것이다

四十九年無一字。　　사십구 년 동안 하신 말씀 한 글자도 없으셨으니

龍宮海藏若爲傳。　　용궁龍宮의 해장海藏은 어떻게 전했을까

196.

大施門開無擁塞。　　큰 베풂의 문을 여니 옹색함이 없도다.

不厭流泉不愛山。　　흐르는 물 싫어하지 않고 산도 좋아하지 않네

面對塵灰頭似雪。　　얼굴엔 먼지와 재가 가득하고 머리는 눈 같으니

步行騎馬過潼關。　　　걸어가며 말을 타고 당관潼關을 지난다

197.

有人問我解何宗。　　　어떤 종宗을 알았냐고 누가 내게 물으면

不惜眉毛略為通。　　　눈썹을 아끼지 않고 쉽게 통하게 해주리라

東嶺雲生西嶺白。　　　동쪽 고개에 구름이 일어나니 서쪽 산마루 하얗고

前山花發後山紅。　　　앞산에 꽃이 피니 뒷산이 붉도다

198.

報道摩訶般若力。　　　마하반야摩訶般若의 힘이라고 대답하리라

古佛今佛真秘密。　　　옛 부처 오늘 부처의 진실한 비밀이도다

謝三本是釣魚人。　　　사삼射三은 본래 어부였으니

過得溪求脚不濕。　　　시내를 지나가도 발이 젖지 않았다

199.

或是或非人不識。　　　혹은 옳다하고 혹은 그르다 해 사람들 알지 못하니

不識伊家更是誰。　　　알 수 없는 저 사람 도대체 누굴까

換面改頭如幻化。　　　얼굴 바꾸며 머리 고침이 허깨비 같으니

兒童爭解等閑知。　　　어린아이가 어찌 쉽게 알 수 있겠는가

200.

逆行順行天莫測。　　　역행하기도 하고 순행하기도 해 하늘도 측량하지 못하며

更無儀範作規箴。　　　또한 규범으로 삼는 의범儀範도 없어라

黃興豈可窮邊際。　　　황려黃興(대지)의 그 끝을 어찌 다 알 수 있겠는가

徒把折錐候淺深。　　　쓸데없이 부러진 송곳 들고 얕고 깊음을 재는구나

남명전화상송증도가 사실 제3권

서룡 □연 지음

201.

吾早曾經多劫修。　　　내 일찍이 오랜 겁 동안 수행하였으니

因修乃證無生力。　　　닦음으로 인하여 무생의 힘 증득한 것이니라

癡人求道不修行。 어리석은 사람은 도는 구하며 행은 닦지 않나니

還似蒸沙望充食。 모래를 쪄서 밥 지으려는 것과 똑같다

202.

不是等閒相誑惑。 부질없이 서로 속여 미혹하게 하는 것 아니니

從來真僞豈相干。 예로부터 진실과 거짓이 어찌 서로 간섭하겠는가

虎皮羊質知多少。 호랑이 가죽에 양의 몸인 자들도 이것저것 알고 있으니

要識真金火裏看。 진짜 금인지 알고 싶다면 불 속에 넣고 살펴보라

203.

建法幢。 법의 깃발法幢을 세우니

靈山榜樣更無雙。 영산靈山의 방양榜樣이라 다시 견줄 것 없도다

髽角女兒戴席帽。 북상투髽角를 한 계집아이 석모席帽를 쓰고

手攜笻杖過寒江。 손에 장대 잡고 차가운 강을 지나간다

204.

立宗旨。 종지宗旨를 세우니

左凹右凸誰相委。 왼쪽 오목하고 오른쪽 볼록함을 누가 서로 알까

海門船子過楊州。 해문海門의 사공이 양주楊州를 지나니

八臂那吒姦似鬼。 팔이 여덟인 나타那吒에 간사함이 귀신 같구나

205.

明明佛敕曹溪是。 부처님의 칙명敕令을 분명히 밝힌 자는 바로 조계로다

如今何處是曹溪。 그럼 지금은 어느 곳이 조계인가

日日日從東畔出。 나날이 해는 동쪽에서 뜨고

朝朝雞向五更啼。 아침마다 닭은 오경에 운다

206.

第一迦葉首傳燈。 제일 먼저 가섭이 처음으로 등불을 전했으니

糞埽爲衣自知足。 똥 묻은 헝겊으로 옷을 만들어 스스로 만족할 줄 알았지만

只因起舞泄天機。 어쩌다 일어나 춤춰 천기를 누설한 그 일로

直至而今遭齒錄。 지금까지도 사람들 입에 오르내리게 되었는가

207.

二十八代西天記。　　28대는 서천축西天의 기록記錄이니

不戀幽嵓共入塵。　　깊은 바위 그리워하지 않고 모두 홍진세계로 들어가

杖子一枝無節目。　　주장자 한 자루 마디 없는 이것을

殷勤分付夜行人。　　은근히 밤길 가는 이에게 나누어 부촉했다네

208.

入此土。信機緣。　　이 땅에 들어오시니 진실로 기연機緣이로다

五葉花開豈偶然。　　다섯 잎 꽃이 핌이 어찌 우연이겠는가

無聖廓然人不會。　　성스러움조차 없는 확연함을 사람들 알지 못해

九年孤坐鼻撩天。　　아홉 해를 외로이 앉았으니 코가 하늘을 찌르는구나

209.

菩提達磨為初祖。　　보리달마菩提達磨 초조初祖가 되어

謾道西來欲付衣。　　부질없이 말했다네, 가사를 부촉하러 서쪽에서 왔다고

却羨梁王真慷慨。　　도리어 양왕梁王의 진실한 강개慷慨가 부럽구나

寒江趁過不容歸。　　차가운 강을 달아나 건넜으니 돌아옴을 용납하지 않는다

210.

六代傳衣天下聞。　　육대에 걸쳐 가사 전한 것은 천하에 알려진 일이니

表法聊將記宗旨。　　법을 나타내 이것으로 종지宗旨를 기별한 것이니라

當時放下勿諸訛。　　그때 내려놓아 잘못이 없었는데

何事人來提不起。　　무슨 일로 그 사람 찾아와 당기고도 들지 못했을까

211.

後人得道何窮數。　　후세 사람들 도를 얻은 것 어찌 다 셀까

不是唯從嶺外來。　　허나 고개 밖에서 온 것만은 아니라네

須信春陽及萬物。　　모름지기 믿어야 하네, 봄의 양기 만물에 미치면

高低花木一時開。　　높고 낮은 꽃과 나무 일시에 피어나는걸

212.

真不立。　　진실도 서지 못함이여

白駒未似流波急。　　　흰 망아지白駒도 흐르는 물결의 빠름만은 못하구나

當日文王却識珍。　　　그날 문왕文王이 도리어 보배를 알아보았으니

卞和堪笑空垂泣。　　　변화卞和는 웃을 만한데 공연히 눈물지었다

213.

妄本空。　　　　　　　허망이 본래 공함이여

遊子思鄕歲已窮。　　　떠도는 아들 고향 생각에 세월이 다 갔네

舉足是家歸便得。　　　발 들면 바로 고향집이요 돌아가면 곧 얻을 것을

何勞流恨向西風。　　　무엇하러 수고롭게 피눈물 흘려가며 서풍을 향하는가

214.

有無俱遣不空空。　　　유有와 무無를 함께 버리면 공하지 않음도 공한데

若欲存空還是礙。　　　만약 공空을 두려한다면 도리어 이것이 장애니라

山人去後老猿啼。　　　산인山人이 떠난 뒤 늙은 원숭이 울고

茅屋空來白雲在。　　　초가집 비면 흰 구름이 머무르리라

215.

二十空門元不著。　　　20공문二十空門에 원래 집착하지 않으니

真妄悠悠病已除。　　　진실과 허망 유유하여 병이 이미 없어졌네

一經宇雲人不到。　　　구름 뚫은 한 가닥 오솔길 사람들 오지 않고

千崗萬壑繞吾廬。　　　천 봉우리 만 골짜기만 내 집을 휘감는다

216.

一性如來體自同。　　　하나의 성품인 여래체如來體와 저절로 같아라

同中無路任西東。　　　같음 가운데는 길이 없으니 서쪽이든 동쪽이든 마음대

井底蝦蟇吹鼓角。　　　로 하라

門前露柱笑燈籠。　　　우물 밑의 개구리는 피리를 불고

　　　　　　　　　　　문 앞의 기둥은 등롱燈籠을 비웃는구나

217.

心是根。　　　　　　　마음은 뿌리이니

暗聳斜蟠已露痕。　　　몰래 솟았다 비스듬히 서려도 벌써 자취가 드러났다

直下可憐人不見。 바로 이 자리인데 가련하구나, 사람들 보지 못하니

空將枝葉付兒孫。 헛되이 가지와 잎을 후손에게 맡긴다

南明泉和尚頌證道歌

218.

法是塵。 법은 티끌이니

一點才生即喪真。 한 점만 생겨도 바로 진실을 잃으리라

勿謂名中無實義。 이름 가운데 진실한 뜻 없다고 말하지 마라

紛紛全露本來身。 어지럽게 본래의 몸을 온전히 나타냈느니라

219.

兩種猶如鏡上痕。 두 가지 모두 거울의 흠집과 같으니

障覆靈明類心垢。 신령한 광명 가리고 덮는 것 마음의 때와 유사하도다

山河大地勿絲毫。 산하와 대지 실오라기만큼도 없으니

誰掛高臺辨妍醜。 누가 높은 대에 걸어두고 예쁘고 추함을 가리겠는가

220.

痕垢盡除光始現。 흠집과 때 다 없애면 빛이 비로소 나타나니

孤明獨露大千寒。 오롯한 광명 홀로 드러나 대천세계가 서늘하구나

無塵未許傳衣鉢。 티끌이 없다고 해도 의발衣鉢 전하는 걸 허락지 않았는데

弄影須知不易觀。 그림자나 희롱하는 자들이여 반드시 알라, 보기가 쉽지 않다

221.

心法雙忘性即真。 마음과 법 둘 다 잊으면 성품이 곧 진실이니

真性非無亦非有。 진실한 성품은 무無도 아니고 유有도 아니다

少林幾度暗思量。 소림少林에서 몇 번이나 남몰래 헤아렸던가

維摩未敢輕開口。 유마維摩도 가벼이 입을 열지 않는구나

222.

嗟末法。背真風。 슬프다 말법이여, 참된 풍모를 등지니

觸物昏迷若駭童。 부딪치는 물건마다 혼미昏迷한 것이 철모르는 어린아이 같도다

空立三車火宅外。

何時同到四衢中。 공연히 세 가지 수레 불난 집 밖에 세우니

언제 함께 네거리에 도달할 수 있을까

223.

惡時世。近三灾。 악한 시대로다, 삼재三灾가 다가오니

煩惱衆生喚不迴。 괴로워하는 중생들 불러도 돌아오지 않네

刀兵飢饉千般苦。 도병刀兵과 기근飢饉 천 가지 고통이

盡是人心造出來。 다 이 사람의 마음에서 만들어져 나온 것이니라

224.

衆生薄福難調制。 중생들이 박복하여 길들이기 어려우니

險詖奔騰若跳猨。 음흉하고險詖 달려드는 것이 뛰노는 원숭이 같아라

岸樹欲崩魚少水。 쓰러지려는 둔덕의 나무요 작은 웅덩이 물고기거늘

悲哉不悟昔人言。 슬프다, 옛 사람 말을 깨닫지 못하는구나

225.

去聖遠兮邪見深。 성인으로부터 멀어짐이여 사견邪見이 깊으니

我慢纏綿昧真佛。 아만我慢에 얽혀 참 부처를 모르는구나

導師悲濟幾辛勤。 도사導師께서 자비로 제도하시며 여러 차례 애썼건만

愛河暫出還沈沒。 애욕의 강에서 잠깐 나왔다 다시 잠기네

226.

魔強法弱多怨害。 마귀는 강하고 법은 약해 원한과 해침 많으니

善惡雖殊佛性同。 선과 악이 비록 다르나 불성佛性은 같다네

好向此時明自己。 이럴 때 자기를 밝히기가 좋으니

百年光影轉頭空。 백년의 세월이 돌아보면 공하니라

227.

聞說如來頓教門。 여래께서 설하신 돈교문頓教門을 듣고

半笑半瞋情不悅。 반은 웃고 반은 성내며 마음으로 기뻐하지 않는다

一朝歸去見慈親。 하루아침에 돌아가 어머님을 뵈면

方知自昔同家業。 예전부터 가업家業을 함께 했단 걸 비로소 알리라

228.

恨不滅除令瓦碎。

真空無相謾參辰。

蚍蜉可笑不量力。

欲鼓微風撼大椿。

기왓장 박살내듯 없애버리지 못함을 한탄했으니

진공眞空은 얼굴이 없는데 쓸데없이 삼參과 신辰이라 하
는구나

왕개미蚍蜉야 우습구나, 네 힘은 생각지 않고

보잘것없는 바람 일으켜 큰 참나무를 흔들려 하다니

229.

作在心。何大錯。

如將金彈逐飛雀。

無明郞主恣貪瞋。

用盡家財渾不覺。

지음이 마음에 있으니 얼마나 큰 잘못인가

금 탄환으로 나는 참새를 쫓는 것과 같아라

무명無明이란 가장이 탐욕과 노여움 맘껏 부리다

집안 재산 탕진하고도 혼몽해 정신을 못 차리는구나

230.

殃在身。難脫離。

到此徒分愚與智。

痛楚酸寒百萬般。

父子雖親不容替。

재앙이 몸에 있으리니 벗어나기 어려운데

여기에 이르러 헛되이 어리석고 지혜로웠음을 나누네

극심한 고통과 쓰라림과 추위 백만 가지나 되니

아버지와 아들이 아무리 친하다지만 대신해주는 걸 용
납하지 않는다

231.

不須怨訴更尤人。

自智不明乃昏塞。

菩提煩惱舊無根。

只在回心一頃刻。

절대 원망하거나 또 남을 탓하지 마라

자신의 지혜 밝지 못해 어둡고 막힌 것이니

보리와 번뇌는 예로부터 뿌리가 없는 것이라

오직 마음을 돌리는 한순간에 있을 뿐이니라

232.

欲得不招無間業。

若論無間酷難當。

不唯謗法獨沈此。

六賊危人更可防。

무간업無間業을 초래하지 않고 싶구나

무간無間을 논하자면 그 혹독함 당해내기 어려우니

법을 비방한 사람 혼자만 그곳에 빠지는 것 아니라

여섯 도적이 사람을 위태롭게 하니 또한 막아야 하리라

233.

莫謗如來正法輪。 여래의 바른 법륜을 비방하지 마라

匵法因緣苦難究。 법을 비방한 인연 그 괴로움 끝을 알 수 없으니

縱經空劫寄他方。 비록 공겁空劫을 지나 타방他方에 의탁한다 해도

此界成時復來受。 이 세계 이루어질 때 다시 와서 받으리라

234.

栴檀林。 전단나무 숲이여

極目蕭蕭一徑深。 아득히 눈길 닿는 곳까지 쓸쓸한 외길이 깊구나

遊子幾聞香撲鼻。 떠도는 아들 코를 찌르는 향기 몇 번이나 맡았겠냐만

等閑失却本來心。 대수롭지 않게 여기다 본래의 마음마저 잃어버렸네

235.

無雜樹。 잡스런 나무 없음이여

葉葉枝枝同雨露。 잎마다 가지마다 비와 이슬은 같아라

執熱行人喚不歸。 번열에 집착한 나그네들 불러도 돌아오지 않아

四時空把靑陰布。 사시사철 넓게 깔린 푸른 그늘만 공연히 붙잡는다

236.

鬱密森沈師子住。 울창하고 빽빽한 삼림 깊숙한 곳에 사자가 머무니

舉目長騰百丈威。 눈을 뜨면 백 길의 위세가 길이 등등하구나

遺迹不交林外見。 남긴 자취 숲 밖에선 서로 볼 수도 없는데

更容何物此中歸。 어떤 놈이 여기서 돌아가는 걸 또 용납하겠는가

237.

境靜林閒獨自遊。 경계가 고요한 숲 사이를 홀로 자유롭게 노니나니

不住不行亦不倚。 머물지도 않고 가지도 않으며 또 의지하지도 않는다

金毛才拂時。 곱고 고운 금빛 털 털자마자

無限淸風隨步起。 끝없는 맑은 바람 걸음 따라 일어나는구나

238.

走獸飛禽皆遠去。 달리는 짐승과 나는 새 모두 멀리 도망가니

四顧寥寥一境空。　　　사방을 둘러봐도 쓸쓸한 한 경계의 공이로다

豈是從來無侶伴。　　　어찌 이 사람이라고 예전부터 벗이 없었겠는가

為他毛色不相同。　　　허나 그와는 털빛이 서로 같지 않은 것을

239.

師子兒。　　　　　　　사자의 새끼여

奮振全威也太奇。　　　온전한 위세 떨치니 매우 기특하도다

入窟藏身獨得妙。　　　굴에 들어가 몸을 감추고 홀로 오묘함을 얻으니

從來不許象王知。　　　예로부터 코끼리 왕이 아는 것조차 허락하지 않았다

240.

眾隨後。　　　　　　　무리가 그 뒤를 따름이여

牙爪難藏威已就。　　　어금니와 손톱 감추기 어려우니 위세가 벌써 성취되었도다

空山遊戲有多端。　　　텅 빈 산에서 장난치고 노닐며 일도 많더니

飜身一擲無新舊。　　　몸 뒤집어 한번 던지자 새것과 옛것이 없구나

241.

三歲便能大哮吼。　　　세 살이면 곧 크게 포효할 수 있으니

種性無差勢力全。　　　종성種性이 차이 없어 세력이 온전하다

坐斷東西無過路。　　　동서를 끊고 앉아 지나갈 길이 없으니

巍巍長在碧嵓前。　　　우뚝하고 우뚝하게 늘 푸른 바위 앞에 있도다

242.

若是野干逐法王。　　　만약 여우가 법왕을 따른다면

林下山邊謾來去。　　　숲 아래 산기슭에서 쓸데없이 오고가는 것이니

狐假虎威徒自欺。　　　여우는 범의 위세를 빌려 그저 스스로 속이려 하지만

才逢本色還驚懼。　　　본색을 만나자마자 도리어 놀라고 두려워한다네

243.

百年妖怪虛開口。　　　백년을 요사스럽게 헛되이 입만 여니

滅智灰身若暫閑。　　　앎을 없애고 재처럼 식은 몸 잠깐의 한가함과 같아라

爭似毗藍園樹下。　　　어찌 같겠는가, 비람毗藍 동산 나무 아래에서

才生四顧絕追攀。 태어나자마자 사방을 둘러보고 부여잡는 손길 끊으신
것과

244.

圓頓教。 원돈圓頓의 가르침이여

金龍出海休籠罩。 금용金龍이 바다에서 나오니 통발을 치워라

霹靂才轟雨似傾。 벽력霹靂이 울리자마자 쏟아붓듯 비 내리니

無限人天夢中覺。 끝없는 인천人天이 꿈에서 깨어난다

245.

勿人情。 인정人情을 두지 않음이여

若著人情道不成。 만약 인정에 집착한다면 도가 이뤄지지 않으리라

南陽國老區區甚。 남양국노南陽國老도 구구함이 심했으니

只踏毗盧頂上行。 그저 비로자나의 정수리를 밟는다고 하셨네

246.

有疑不決直須爭。 의심이 있어 해결하지 못했거든 곧장 겨뤄보아라

真是真非離煩惱。 참된 옳음 참된 그름은 번뇌를 벗어난 것이니라

終朝古路喚人行。 아침이 다가도록 옛길에서 이리로 가라고 사람들 부르지만

無奈迷徒戀荒草。 어쩔 수 없네, 어리석은 무리들 거친 풀밭만 그리워하니

247.

不是山僧逞人我。 이 산승山僧이 인아人我를 드러내는 것 아니니

為法忘軀正此時。 법을 위해 몸을 잊어야 할 때 바로 지금이다

不向邪兵揮智刃。 삿된 병사들에게 지혜의 칼날 휘두르지 않는다면

髻珠無纇有誰知。 계주髻珠에 흠 없음을 누가 알겠는가

248.

修行恐落斷常坑。 수행하는 사람들 단견과 상견의 구덩이에 떨어질까 염

若落此坑難出離。 려스러우니

今朝打鼓為三軍。 만약 이 구덩이에 떨어지면 벗어나기가 어렵다

動著干戈還不是。 오늘 아침 북 두드림 삼군三軍을 위한 것이나

방패와 창을 움직이면 도리어 옳지 않느니라

249.

非不非。	그름과 그르지 않음이여
看取靈苗未發時。	신령스런 싹이 트지 않았을 때를 잘 보라
大鵬擧翼摩霄漢。	대붕大鵬은 날개를 들면 하늘의 은하수를 스치니
肯學寒蟬戀死枝。	어찌 찬바람에 매미가 죽은 가지 사랑하는 걸 배우겠는가

250.

是不是。	옳음과 옳지 않음이여
西家置得東家地。	서쪽의 집은 동쪽 집 땅에 지을 수 있네
中心樹子若屬君。	가운데 나무가 만약 그대에게 속한다면
不用波波尋四至。	부지런히 네 모퉁이 찾는 짓 그만두어라

251.

差之毫釐失千里。	털끝만 한 차이에 천리나 어긋나니
非是相交昧己靈。	옳음과 그름 서로 섞여 자신의 신령스러움 잊었구나
石火一揮天外去。	부싯돌 한번 휘두르면 하늘 밖으로 달아나거늘
癡人猶望月邊星。	어리석은 사람들 오히려 달 주변의 별만 바라본다

252.

是即龍女頓成佛。	옳은 것은 용녀龍女가 단박에 부처가 된 것이니
修行不待歷三祇。	수행은 3아승기겁의 편력 기다리지 않는다네
今人可嘆多迷妄。	요즈음 사람들 참 한심하니 다들 미혹하고 망령되어
日到南方自不知。	날마다 남방南方에 이르면서도 스스로 알지 못하는구나

253.

非即善星生陷墜。	그른 것은 선성善星이 산 채로 지옥에 떨어진 것이니
因果都忘昧正知。	인과 과를 모두 잊고 정지正知를 몰랐도다
輪王種族無高下。	전륜성왕의 종족이라 높고 낮음이 없는데
死生何事不同岐。	죽고 사는 사람들 무슨 일로 갈림길이 같지 않을까

254.

吾早年來積學問。　　나는 어려서부터 학문을 쌓으며

寸陰長恨急難留。　　촌음에 늘 한탄했네, 너무도 빨라 멈추기 어려움을

源源恰似寒溪水。　　끊임없이 끊임없이 저 차가운 계곡물처럼 하였으니

不到滄溟肯便休。　　창명滄溟에 이르지 않는다면 어찌 그만두겠는가

255.

亦曾討疏尋經論。　　또 일찍이 소疏를 따지고 경론經論을 찾았으니

念世期為破暗燈。　　세상을 생각하며 어둠을 깨뜨릴 등불 되기를 기약하였네

憤悱欲窮沙數義。　　비분憤悱하며 항하사처럼 많은 뜻 끝까지 밝히려 하였으니

豈知無說是真乘。　　어찌 알았으랴, 말 없음이 바로 진승眞乘인 것을

256.

分別名相不知休。　　명칭名과 모습相을 분별하며 그만둘 줄 몰랐으니

猶如隔雲望天日。　　구름을 사이에 두고 하늘의 해를 보려한 것과 같았네

相盡名亡真示君。　　모습 다하고 명칭 잊음을 진실로 그대에게 보이리라

新羅附子金州漆。　　신라新羅의 부자附子요, 금주金州의 옻漆이니라

257.

入海算沙徒自困。　　바다에 들어가 모래 세는 것 부질없이 자신만 피곤하게 하니

只為惺惺轉不堪。　　머리만 희끗희끗하게 하고 점점 감당하지 못하게 된다네

唯有文殊知此數。　　오직 문수文殊만이 그 숫자를 알았으니

前三三與後三三。　　앞도 삼삼三三이요 뒤도 삼삼三三이니라

258.

却被如來苦訶責。　　도리어 여래에게 쓰라린 꾸지람 들었으니

馳求外物幾時停。　　바깥의 물건 치달려 구함 언제나 그만둘까

衣珠無價雖然在。　　옷 속에 값을 매길 수 없는 구슬 그대로 있건만

爭奈昏昏醉未醒。　　어쩌랴, 혼몽하게 취해 깨질 못하는 걸

259.

數他珍寶有何益。 남의 보배 헤아린들 무슨 이익 있겠는가

自己家財却棄捐。 자기 집의 보배는 도리어 버리는구나

兩手擎來如得用。 두 손으로 높이 들고 마음대로 쓸 수 있으면

不須辛苦走山川。 굳이 온갖 고생하며 산천을 달리진 않으리라

260.

從前蹭蹬覺虛行。 무시이래로 비틀거리며 쓸데없이 다녔음을 깨달으니

直到天南及天北。 곧장 하늘의 남쪽에 닿고 또 하늘의 북쪽에 닿았네

幾迴淥水靑山邊。 몇 번이나 돌았던가, 맑은 물과 푸른 산기슭

撞著祖師還不識。 조사를 들이받고도 도리어 알지 못했네

261.

多年枉作風塵客。 여러 해를 억울하게도 풍진風塵의 나그네 노릇 하였으니

去日衣衫半不存。 떠나던 날의 삼베옷 반도 남지 않았구나

咫尺故園歸未得。 지척이 옛 동산인데도 돌아가질 못하니

慈親空倚日斜門。 어머니는 해지는 문에서 멍하니 기대신다

262.

種性邪。 종성種姓이 삿됨이여

更偶邪師病轉加。 또 삿된 스승까지 만나 병이 더욱 심해졌지만

開明若遇眞知識。 환희 밝혀줄 참된 선지식을 만나게 된다면

縱令枯木亦生花。 비록 시든 나무라도 또한 꽃을 피우리라

263.

錯知解。 잘못된 앎이여

知爲障兮解爲礙。 앎이 가리고 이해가 막혔네

了悟空花本不生。 허공의 꽃 본래 생긴 적 없음을 깨달으면

繁然動作無憎愛。 어지러운 움직임 미워하지도 좋아하지도 않으리라

264.

不達如來圓頓制。 여래께서 제정하신 원돈圓頓의 법제法制 모르고

只將空有競頭爭。 　그저 공空과 유有로 머리 다투어 싸우는구나

葉公好畫還如此。 　섭공葉公이 그림을 좋아한 게 꼭 이와 같으니

才見真龍却自驚。 　진짜 용은 보자마자 도리어 스스로 놀랐다네

265.

二乘精進勿道心。 　이승은 정진하긴 하지만 도심이 아니니

自證偏空求出離。 　치우친 공을 스스로 증득하고 벗어나길 구하는구나

三途諸子日焚燒。 　삼도三途의 모든 아들들 나날이 번민煩悶하며

不肯迴心用悲智。 　마음 돌이켜 비지悲智를 쓸 생각은 도무지 않는구나

266.

外道聰明無智慧。 　외도는 총명하지만 지혜가 없으니

取捨居懷肯暫忘。 　취하며 버림 마음에 품었으니 어찌 잠신들 잊겠는가

楊朱只恨多岐路。 　양주楊朱는 그저 갈림길 많다고 한탄만 하고

不知脚下是家鄕。 　발아래가 바로 고향인 줄은 알지 못했네

267.

亦愚癡。 　또한 어리석으니

起坐都如木偶兒。 　일어나고 앉으며 다들 나무로 깎은 아이 같다

自有生涯傳祖父。 　자신의 생애生涯 곧 조부祖父에게서 전해 받은 것이거늘

草鞋踏盡不曾知。 　짚신이 닳도록 다니면서 알아차리질 못하는구나

268.

亦小騃。 　또한 철모르니

觸目無常任憎愛。 　눈길 닿는 곳마다 무상한데 미움과 사랑 제맘대로 한다

時將沙土學圍城。 　때로는 모래로 성벽 쌓는 것을 배우니

嗟爾那知寰宇大。 　슬프다, 우주가 넓음을 어찌 알리오

269.

空拳指上生實解。 　빈주먹 손가락에서 실재가 있다는 알음알이를 내니

癡小狂迷類暗夫。 　어리석고 어리며 미치고 미혹한 것이 맹인과 같도다

若了此心無所得。 　만약 이 마음에 얻을 것 없음을 깨닫는다면

春風秋月自蕭疎。 봄바람과 가을달이 저절로 상큼하리라

270.

執指為月枉施功。 손가락을 집착해 달로 여겨 헛되이 공을 시설하니

不唯失月還迷指。 달을 잃을 뿐 아니라 또 손가락도 모르게 되네

忽然見月指還忘。 문득 달 보고 손가락 또한 잊으면

森羅萬象寒光裏。 삼라만상이 서늘한 광명 속이리라

271.

根境法中虛捏怪。 근根과 경境의 법 가운데서 헛되이 눈을 비벼 괴이한 짓

影事交羅昧正修。 하고서

可笑幻師逢幻物。 그림자 같은 일 이리저리 펼치며 바른 닦음을 모르는구나

自看疑怖不知休。 우습구나, 환술사 허깨비를 만나

스스로 보고 의심과 두려움 그칠 줄을 모른다

272.

不見一法即如來。 한 법도 보지 않음이 곧 여래니

春至羣花冒雨開。 봄이 오면 온갖 꽃들 비를 맞고 피어난다

是色是心人不會。 이것이 색色이요 이것이 마음임을 사람들 알지 못하여

撞鐘擊鼓上高臺。 종을 치고 북을 치며 높은 좌대에 오른다

273.

方得名為觀自在。 바야흐로 이름을 관자재觀自在라 하니

能觀如月未忘明。 능히 관찰함 달과 같아 밝음을 잊은 적 없도다

欲知法法元覊絆。 법法과 법이 얽매임 없는 줄 알려 한다면

大地山河是眼睛。 대지大地와 산하山河가 이 눈동자니라

274.

了即業障本來空。 깨달으면 업장業障이 본래 공하니

法法無根妄分別。 법과 법이 뿌리 없는데 허황하게 분별하는구나

心生即是法生時。 마음이 생기는 때가 곧 법이 생기는 때니

心若無生法自滅。 마음이 만약 생기지 않으면 법도 저절로 사라질 것이다

275.

末了還須償宿債。

깨닫지 못하면 반드시 묵은 빚을 갚아야만 하니

金鏘馬麥更何疑。

쇠 송곳金鏘과 겉보리馬麥를 또 어찌 의심하랴

誰言祖佛無迯處。

조사와 부처라도 도망갈 곳 없다고 누가 말했던가

日捨全身尚未知。

매일 온몸을 버리지만 오히려 알지 못한다

276.

飢逢王饍不能餐。

굶주리다 임금의 수라상 받고도 먹지를 못하니

高下心生自離間。

높고 낮다는 마음이 생겨 스스로 거리를 두는구나

呼來與食尚如斯。

오라 하여 음식주어도 오히려 이와 같으니

嗟哉餓死人何限。

슬프구나, 굶어 죽는 사람들 어찌 끝이 있으랴

277.

病遇醫王爭得瘥。

병자가 의왕醫王을 만난들 어찌 차도가 있으랴

頓除藥病未忘筌。

약과 병을 단박에 없앰도 통발을 잊지 못한 것이니

何如塗毒一聲鼓。

어찌 같으랴, 독을 바른 북소리 한 번에

臥聽行聞盡悄然。

누워서 듣건 걸으며 듣건 다 고요해짐만

278.

在欲行禪知見力。

욕계에서 선禪을 행함은 지견知見의 힘이니

居塵終日自無塵。

티끌 속에 종일토록 있어도 저절로 티끌이 없다

安心不必論華野。

마음 편안함 굳이 서울과 시골을 논하지 마라

踏著眉毛是處真。

눈썹을 밟으면 이곳이 진실이로다

279.

火裏生蓮終不壞。

불꽃 속에 핀 연꽃은 끝내 무너지지 않으니

花似須彌葉似空。

꽃은 수미산 같고 잎은 허공 같다

普散清香三界內。

맑은 향을 삼계에 널리 풍기니

不憂容易落西風。

서풍에 쉬 짐을 걱정하지 마라

280.

勇施犯重悟無生。

용시勇施는 중죄를 범하고도 무생無生을 깨달았으나

善惡從來勿差互。 선과 악은 예로부터 서로 어긋나지 않는다

五陰雲開月滿天。 오온伍蘊 구름이 열려 달이 하늘에 가득하니

不須更問還家路。 집으로 돌아가는 길 다시 물을 필요 없네

281.

早時成佛于今在。 일찍이 성불하여 지금도 그곳에 계시니

相好端嚴百萬般。 상호가 단엄함이 백만 가지이다

金口宣揚如不會。 금구金口로 펼치심을 만약 모르겠거든

七斤衫下試尋看。 일곱 근 적삼 아래를 한번 찾아보라

282.

師子吼。 사자의 포효여

三十三人盡驚走。 서른 세 사람이 다 놀라 도망간다

畫瓶打破却歸來。 그림이 그려진 병을 부셔버리고 곧장 돌아오니

青山流水還依舊。 푸른 산과 흐르는 물이 예전 그대로구나

283.

無畏說。 두려움 없는 설법이여

直與迷徒去釘楔。 곧장 미혹한 무리들의 못과 쐐기를 빼준다

溪邊野老勿攢眉。 개울가 시골 노인아 눈썹을 비비지 마라

夏有炎暉冬有雪。 여름엔 이글거리는 햇살이요 겨울엔 눈이로다

284.

深嗟懵憧頑皮麤。 멍청하고 고집스러움을 깊이 슬퍼하나니

故國非遙不肯過。 고국이 멀지 않은데 도무지 가려하질 않는구나

還似浮萍根蔕斷。 뿌리 끊어진 부평초와 꼭 닮았으니

悠悠生死信風波。 유유한 생사에서 바람과 물결만 따르는구나

285.

只知犯重障菩提。 중죄를 범하면 보리를 장애한다고만 아니

罪性如波結冰起。 죄의 성품은 물결이 얼어 얼음이 생기는 것과 같아라

癡人渴死不低頭。 어리석은 사람은 목말라 죽으면서도 머리 숙이지 않으니

豈識凝氷全是水。　　　꽁꽁 언 얼음 전체가 바로 물인걸 어찌 알까

286.

不見如來開祕訣。　　　여래께서 열어두신 비결秘訣은 보지 못하니

祕訣何人敢擧揚。　　　비결을 어떤 사람이 감히 들어 드날릴까

穿耳胡僧應大笑。　　　귀 뚫은 호승 분명히 크게 웃으리니

明明雪上更加霜。　　　밝고 밝은 눈 위에 또 서리를 더하는구나

287.

有二比丘犯婬殺。　　　두 비구가 음행과 살생을 범하고

恥列金田上士名。　　　금전金田의 상사上士들 이름에 끼기 부끄러웠네

惶怖不知心所自。　　　무섭고 두려워 그 마음 어디서 비롯됐는지 모르다가

欲依淨戒救餘生。　　　청정한 계율 의지해 남은 생을 구하려 하였네

288.

波離螢光增罪結。　　　우바리존자 반딧불로 죄의 결박을 증가시켰네

較量輕重析毫釐。　　　가볍고 무거움 비교하며 헤아려 털끝까지 분석했으니

可憐[憨*鳥][憨*鳥]心雖急。　　　가련하다 감감이 마음은 비록 빠르다지만

脚下魚行奈不知。　　　발아래 고기 다니는 건 왜 모를까

289.

維摩大士頓除疑。　　　유마대사 단박에 의심을 덜어주시니

三處無心略輕據。　　　세 곳에 마음 없음을 간략하고 가볍게 의거했다

番人捉得騏驎兒。　　　반인番人이 기린새끼를 잡아서는

放入祇園無覓處。　　　기원祇園에 풀어놓으니 찾을 길이 없어라

290.

猶如赫日消霜雪。　　　마치 밝은 태양이 서리나 눈을 녹이는 것과 같으니

雪霜消盡見青春。　　　눈과 서리 다 녹으면 푸른 봄을 보리라

誰向靈雲開眼處。　　　누가 저 영운靈雲스님 눈을 뜬 곳에서

認得桃花舊主人。　　　복숭아꽃 옛 주인을 알아차릴 수 있을까

291.

不思議。謾度量。

부사의를 부질없이 헤아리니

善惡無從性本常。

선과 악이 온 곳 없어 성품이 본래 영원하다

香嚴童子虛開口。

향엄동자香嚴童子는 헛되이 입을 열었으니

舉足何曾識道場。

발 듦이라 했지만 어찌 도량道場을 알았으랴

292.

解脫力。若高風。

해탈의 힘이여, 높이 부는 바람 같으니

無影無形觸處通。

그림자 없고 형체 없지만 닿는 곳마다 통한다

萬里浮雲消散盡。

만 리의 뜬 구름이 다 흩어져 사라지니

一輪明月在寒空。

하나의 수레바퀴 밝은 달이 서늘한 하늘에 있다

293.

妙用恒沙也無極。

오묘한 작용이 항하사처럼 다함이 없으니

昔有深緣得暫逢。

지난날 깊은 인연으로 잠깐 만나게 된 것이라

翻想未淘眞化日。

나부끼는 생각 탓에 참된 교화 펼치는 날 씻지 못한다면

幾迴流浪若飄蓬。

몇 번이나 유랑해야 할까 바람에 날리는 쑥부쟁이처럼

294.

四事供養敢辭勞。

네 가지로 공양하니 그 수고로움 어찌 감히 사양할까

譬如餧驢及餧馬。

비유하면 나귀 먹이고 또 말 먹임과 같아라

槽頭拾得鉢中盛。

구유에서 주워 발우에 가득 담으니

四海何人敢酬價。

사해에 어떤 사람이 그 빚을 갚겠는가

295.

萬兩黃金亦消得。

만 냥의 황금이라도 또한 쓸 수 있으니

此心荷戴卒難論。

이 마음에 받은 은혜 끝내 논하기 어려워라

直饒施寶如沙數。

설령 보시한 보배가 모래알 수와 같더라도

未及曹溪一點恩。

조계의 한 점 은혜엔 미치지 못한다

296.

粉骨碎身未足酬。

뼈를 가루내고 몸을 부셔도 충분히 갚지 못하는데

謾說乾坤及雨露。　　　하늘과 땅과 비와 이슬이라고 헛되이 말만 한다

古今誰是報恩人。　　　옛날과 지금에 누가 이 은혜를 갚은 사람인가

若有絲頭即辜負。　　　만약 실오라기만큼이라도 있다면 곧 저버리느니라

297.

一句了然超百億。　　　한 구절 분명히 깨달으면 백억을 뛰어넘으니

若論一句我無能。　　　만약 한 구절을 논하라면 나는 하지 못하네

如斯擧唱明宗旨。　　　이와 같이 들어서 제창해 종지를 밝히면

笑殺西來碧眼僧。　　　서쪽에서 온 눈 푸른 스님의 비웃음을 살 것이다

298.

法中王。只者是。　　　법 가운데 왕이여, 단지 이것일 뿐이니

十體三身不相似。　　　십체十體와 삼신三身은 서로 같지 않아라

自有靈光照古今。　　　자신에게 있는 신령스런 광명 고금에 비추는데

何必胸前題卍字。　　　굳이 가슴 앞에 만자卍字는 달아 무엇하겠나

299.

最高勝。若爲宣。　　　가장 높아 수승함이여, 어떻게 펴야 할까

靈山少室盡虛傳。　　　영산靈山과 소실少室에서 모두 헛되이 전하였네

無言童子能宣說。　　　말 없는 동자라야 능히 펼쳐 말할 것이니

來來棄你草鞋錢。　　　찾아오고 또 찾아와도 그대 짚신 값만 허비하리라

300.

恒沙如來同共證。　　　항하사 여래께서 똑같이 함께 증득하셨으나

更無別法可傳持。　　　다시 전해 지닐 수 있는 각별한 법은 없어라

海天明月初生處。　　　바다 멀리 하늘에 밝은 달 처음 솟는 곳이요

崑樹啼猿正歇時。　　　벼랑 끝 나무에서 울던 원숭이 울음 그치는 바로 그때

301.

我今解此如意珠。　　　내 이제 이 여의주를 알고 보니

瑩徹光明無背面。　　　투명하게 사무친 광명 앞뒤가 없구나

如今抛在衆人前。　　　이제 모든 사람들 앞에 던져두리니

擬議思量還不見。 의론하고 사량하면 도리어 보지 못하리라

302.

信受之者皆相應。 믿고 받아들이는 사람은 모두 상응하리니

笑入千峯不轉頭。 웃으며 천 봉우리 사이로 들어가 머리 돌리지 않으리라

飯後山茶三兩酸。 밥 먹은 뒤 산에서 딴 차 두서너 잔에

塵沙佛祖盡悠悠。 티끌과 모래 같은 부처님과 조사 모두 아득하기만 하구나

303.

了了見。更何言。 분명하고 분명하게 봄이여, 또 무슨 물건인가

萬物惟新又一年。 만물이 오직 새로우니 또 한 해로다

去去未歸何處客。 가고 가며 돌아오지 않으니 어느 곳에 있는 나그네인가

竹房深鎖斷雲邊。 끊어진 구름 가 죽방竹房엔 단단히 빗장이 걸렸구나

304.

無一物。空寥寥。 한 물건도 없음이여, 텅 비어 고요하니

豈是曾經劫火燒。 어찌 겁화劫火에 태워진 적 있겠는가

越王任有傾吳策。 월왕越王이 오나라를 무너트릴 계책을 맡겼지만

范蠡孤舟不易招。 범려范蠡의 외로운 배는 부르기 쉽지 않았도다

305.

亦無人。 또한 사람도 없고

唯有虛空是舊隣。 오직 허공만 있으니 바로 옛 이웃이로다

幻滅幻生皆不有。 허깨비 없어지고 허깨비 생김 모두 있는 것 아닌데

更從何處覓疎親。 다시 어느 곳에서 친하고 소원함을 찾을 것인가

306.

亦無佛。 또한 부처도 없는데

昔人空下驪龍窟。 옛 사람들 공연히 여룡驪龍의 굴로 내려가며

相好徒言百劫修。 상호相好는 백겁百劫을 닦아 얻는다고 부질없이 말했네

紅鑪燄裏難停物。 붉은 화로 불꽃 속에선 물건을 두기 어려우니라

307.

大千沙界海中漚。 대천 항하사 세계도 바다에 이는 물거품이라

起滅無蹤誰是主。 일어나고 사라짐 종적 없으니 누가 바로 주인인가

雪峯曾與眾人看。 설봉스님 일찍이 여러 사람에게 보여주셨으니

萬里無雲日卓午。 만 리에 구름 없으니 해가 중심에 우뚝하구나

308.

一切賢聖如電拂。 모든 성현도 번갯불이 스치는 것과 같아

亦無形狀亦無名。 또한 형상이 없고 또 이름도 없으니

天空白月人歸後。 하늘에 뜬 하얀 달빛에 사람들 돌아간 뒤

幾握吹毛斷不平。 몇 번이나 취모검吹毛劍 잡고 난을 평정했던가

309.

假使鐵輪頂上旋。 가령 쇠바퀴를 정수리 위에서 돌린다 해도

任運隨緣無所作。 자재하게 연을 따르며 짓는 바가 없으니

火蕩風搖萬物空。 불길 넘치고 바람풍毘嵐風 휩쓸어 만물이 사라지더라도

未見青天解摧落。 푸른 하늘 꺾여 떨어지는 것 보지 못했네

310.

定慧圓明終不失。 선정과 지혜 원만히 밝아 끝내 잃지 않으니

能敵塵勞體自常。 진로塵勞를 능히 대적하며 체體는 스스로 영원하다

今古更無增減處。 옛날과 지금에 다시 더하고 덜한 적 없으니

昔人聊把喻金剛。 옛 사람 이를 파악해 금강金剛에 비유했네

311.

日可冷。 해를 차갑게 할 수 있다 해도

真金豈解重為鑛。 진금真金이 어찌 다시 광석鑛石이 되겠는가

魔工煽鞴不能施。 마귀 장인 풀무질해도 어찌해 볼 재주 없으니

萬古徒勞心耿耿。 만고에 아무리 애를 쓴들 마음은 밝고 밝기만 하네

312.

月可熱。 달을 뜨겁게 할 수 있다 해도

此體如空非斷滅。　　　　　이 체體는 허공과 같아 끊어져 없어지는 것 아니네

人間妄見有虧盈。　　　　　인간의 망견妄見에야 차고 기울어짐이 있지만

天外孤光無閒歇。　　　　　하늘 밖 오롯한 광명은 쉬는 틈이 없느니라

313.

眾魔不能壞真說。　　　　　어떤 마귀도 진실한 말씀 무너트리지 못하니

真說長如栢在庭。　　　　　진실한 말씀 뜰에 있는 잣나무 같도다

幾見雪霜凋萬木。　　　　　눈과 서리에 온갖 나무 잎 지는 것 몇 번이나 보았던가

盤空聳檻更青青。　　　　　허공에 서리고 난간 밖으로 치솟아 더욱더 푸르구나

314.

象駕崢嶸漫進途。　　　　　코끼리가 수레를 끌고 당당하게 길을 나아가니

真體如空無所礙。　　　　　진실한 체體는 허공 같아 막힐 것이 없어라

雲盡扶桑日已生。　　　　　구름 사라진 부상扶桑에 해가 이미 솟았거늘

爝火不停欲何待。　　　　　횃불을 그치지 않으니 무엇을 기다리는 것일까

315.

誰見螳蜋能拒轍。　　　　　사마귀가 수레 막는 걸 어느 누가 보았는가

須臾粉碎意猶獰。　　　　　잠깐 사이 가루가 되는데도 오히려 모질게 마음먹네

嗟爾不及蟬依木。　　　　　슬프구나, 나무에 붙은 저 매미만도 못하니

飲露嘶風過一生。　　　　　이슬 마시고 바람에 울며 일생을 보내는구나

316.

大象不遊於兔徑。　　　　　큰 코끼리는 토끼 길로 다니지 않으니

彈偏拆小豈徒然。　　　　　치우침을 꾸짖고 작은 것을 배척하니 어찌 쓸데없는 짓 하겠는가

無中有路如能入。　　　　　없음 가운데 있는 길로 만약 들어갈 수 있다면

金鎖玄關盡棄捐。　　　　　쇠 빗장 건 현묘한 관문 모두 없앨 수 있으리라

317.

大悟不拘於小節。　　　　　크게 깨달은 사람은 소소한 절개에 구애받지 않으니

相取心修達者嗤。　　　　　모습을 취해 마음 닦으면 아는 사람이 웃을 것이다

舉止若無西子態。　발걸음 들고 멈춤에 서시西施의 자태 없으면서

效顰取醜更堪悲。　찡그림 흉내 내다 추해졌으니 더욱더 불쌍하구나

318.

莫將管見謗蒼蒼。　대롱으로 본 것으로 창창한 하늘을 비방하지 마라

漏管雖窮天豈小。　뚫린 구멍으로 아무리 살핀들 하늘이 그리 작겠는가

心智開明妄見空。　마음의 지혜 밝게 열려 망견이 텅 비면

始知法界無邊表。　법계法界가 끝없는 줄 비로소 알리라

319.

未了吾今為君決。　깨닫지 못하기에 내 이제 그대에게 결단해주니

此意明明不易傳。　이 뜻이 분명하고 분명하지만 전하기 쉽지 않아라

誰肯歸來古崿下。　누가 기꺼이 옛 바위 아래로 돌아오겠는가

任他滄海變桑田。　저 창해가 뽕나무 밭으로 변할 때까지 그대에게 일임하리라

夫法不可見聞覺知。而見聞覺知
亦不外於法。迷之則凡。
了之則聖。故古之得道者。
非即非離。不縛不脫。
應機顯用。言或不能免。
而其自在。則雖終日言。
而未嘗言。

법은 견문각지로 알 수 없고 견문각지도 법을 벗어나 있지도 않다. 이것을 미혹하면 범부이고 깨달으면 성인이다. 그러므로 옛날에 득도한 사람들은 묶이지도 않고 벗어나지도 않아서 근기에 따라 작용을 드러내었다. 말로 표현하는 것을 면할 수 없는 경우도 있지만 자재하게 말로 표현했으니 비록 하루 종일 말한다 해도 일찍이 말을 한 것이 아니다.

昔永嘉之見六祖。
振錫而立。目擊而道存矣。
小駐一宿。因為之證道歌。
道本無證。證之以歌。雖不免
於有言。而卒無所累者也。
則後世由其歌而悟入。
悟入者不知其幾何也。
又從而為之註釋者。亦不知其
幾何也。然真得永嘉之趣者。

옛날 영가스님이 육조대사를 뵈었을 때 석장을 떨치면서 우뚝 서니 눈길이 부딪치매 도가 있는 것을 서로 알아본 것이다. 하룻밤 잠시 머물면서 이에 증도가를 지었다. 도는 본래 증득함이 없지만 증득한 것을 노래로 표현하여 말로 표현한 것을 면하지는 못했지만 끝내 누를 끼친 것은 아니다. 후세 사람들이 증도가를 통해서 깨달아 들어갔으니 깨달아 들어간 사람이 그 얼마나 되는지 알 수 없다. 또 증도가의 원문을 따라 주석을 단 사람도 얼마나 되는지 알 수 없다. 그러나 진실

蓋難其人矣。

로 영가스님의 뜻을 제대로 얻은 사람은 찾아보기가 어렵다.

泉公禪師。
穎出其類。千頃領徒之暇。
於其歌句句之間。分爲之
頌。大抵隨色而言空。
卽定而言慧。不見一相。而充滿
法界。不離一塵。而圓具佛性。
其詞灑落。其旨宏遠。
昭昭然。發永嘉之心。
於數百年曠絶之後。

남명천선사는 그 무리 중에 송곳처럼 튀어나온 분이다. 천경산에서 제자들을 지도하는 여가에 증도가의 구절구절에 따로따로 나누어 게송을 붙였다. 대저 이 것은 형색을 따르면서 공을 말한 것이고 선정 자체에서 지혜를 말로 표현하였으니, 하나의 형상도 보지 않으면서 법계에 충만하고 하나의 티끌도 떠나지 않으면서 불성을 원만하게 갖춘 것이다. 그 문장이 말쑥하고 그 뜻이 원대하다. 환하고 환하게 영가대사의 마음을 드러내었으니 그 후 수백 년 동안 뜻을 밝히는 자가 끊어졌다.

予竊幸叩師之緒餘。
而因以開明。故覽師之頌。
慕其淸風。而不能自已。
命之鏤板。用廣其傳。
庶使礙者通。冥者明。
而一超頓以悟。乃師之賜也。
熙寧九年七月十日 括蒼 祝况
後序

내가 나름대로 다행스럽게도 대사께서 남겨놓으신 실마리를 접하고 이에 마음이 열리면서 밝아졌다. 이 때문에 대사의 게송을 열람하고 청아한 풍모를 흠모하면서 스스로 마음공부를 중단할 수 없었다. 이에 판에 새기도록 하였다. 널리 전하여 막혀 있는 사람들이 통하도록 하고 어두운 사람이 밝아져서 한순간에 뛰어올라 돈오했으면 하는 바이다. 이것은 대사께서 주신 선물이다.

희녕 9년(1076) 7월 10일 괄창산에서 축황이 후서를 쓴다.

夫南明證道歌者 實禪門之樞要
也 故後學 參禪之流 莫不由斯而
入升堂覩奧矣 然則 其可閉塞 而
不傳通乎 於是募工 重彫鑄 字本
以壽其傳焉 時己亥九月上旬 中
書令 晋陽公 崔怡 謹誌

《남명증도가》는 실로 선문의 중추이다. 후학으로 참선하는 사람들이 이로 말미암아 당에 올라 오묘한 경지를 맛보지 않는 사람이 없다. 그런데 이러한 책이 널리 유통하지 못해서야 되겠는가. 이에 공인工人을 모아 주자鑄字(금속활자)로 거듭 간행하여 오래도록 전해지게 하고자 한다. 때는 기해己亥(1239)년 9월 상순 중서령 진양공 최이는 삼가 기록한다.

The *Nanmingquan Song Zhengdaoge*(南明泉和尙頌證道歌)

Author

The author, Park Sang-guk is a well-informed Buddhist bibliographer. He served as a professional member of the Cultural Heritage Administration, director of the Arts and Folk Research Bureau at the National Research Institute of Cultural Heritage, a Cultural Heritage Committee member and president of the Korea Cultural Heritage Institute. Currently, he is a chair professor at Dongguk University.

Table of Contents

Publisher's Note (刊行辭)

Chapter One What is the *Nanmingquan Song Zhengdaoge*(南明泉和尙頌證道歌)?

Chapter Two The Mystery surrounding *Nanming Zhengdaoge*(南明證道歌)

Chapter Three Features of the First Metal Type Edition

·Casting defects

·Missing Strokes

·Correcting touch up

·Missfit of types

·Inverted Letters

·Diffrences in ink density

Chapter Four The History of Korean Printing Should be Rewritten

· Buddhist Scripture Beliefs and Typography

· Metal Type Printings in the Goryeo Dynasty

· Metal Type Printings in the Joseon Dynasty

· International Interest and Research in Korean Metal Printings

Appendices

· The List of Existing Edition of *Yongjia chengdao ge*(永嘉證道歌 Song of Enlightenment)
and *Nanming Zhengdaoge*(南明證道歌)

· The Full Korean version of the *Nanming Zhengdaoge*(南明證道歌)

· A photographic Copy of the Gongin's(空印本) *Nanming Zhengdaoge*

〈**Abstract**〉

The Gongin version of the *Nanmingquan Song Zhengdaoge*(南明泉和尙頌證道歌) was
for a long time considered a woodblock reprint of the original until recently when
a new study revealed it to actually be an original edition printed using metal types.
And the another version is the Samsung version, which was printed with wooden
printing blocks. The original was first printed using metal types and published
in 1239 (two centuries earlier then Gutenberg's Bible); its title is commonly known as
Nanming Zhengdaoge(南明證道歌), a short form of its full name. The *Nanming
Zhengdaoge* reveals the deeply enlightened mind of Tang China's Chan Master
Xuanjue(玄覚 665~713) after he met Huineng(慧能 638~713, the Sixth Patriarch of Chinese
Chan Buddhism). This book is mentioned in the *Song of Enlightenment* by Master
Nanmingquan of the Song Dynasty which adds an additional verse to make it
easier to understand. After publication of the Gongin edition, Choi Yi(崔怡 : ?~1249),
one of the most powerful persons in Goryeo, added this publication note: '募工重彫
鑄字本'. This was misinterpreted as: "I recruited technical experts and they engraved
a wooden printing blocks from the metal type version". This misinterpretation
appeared again in 1984 when the Samsung version was designated a Korean
national cultural treasure as a publication of the Goryeo Dynasty A.D 1239 version.

When the original Gongin version (with Choi Yi's note) was first identified in 2012, it was judged to be the same as the Samsung version, which was printed from wooden printing blocks. Recently, by reviewing Choi Yi's publication note, we corrected this misidentification and revealed that the Gongin version was actually printed in metal type. Therefore, it is not the same as the Samsung version. The Gongin version has all the features of being printed with metal types, features that could not be detected earlier. After comparing it to the Samsung version, the Gongin version was determined to be the first metal type edition, published in the year 1239 A.D.

In Chapter 1 of my paper, I investigated and analyzed what kind of book the *Nanmingquan Song Zhengdaoge* is and how many versions still exist.

In Chapter 2, I examined why the Gongin version of *Nanmingquan Song Zhengdaoge* was not previously recognized as the "metal type" edition. I revealed that Choi Yi's controversial text was done in metal print, and I re-examined the 1984 and 2012 minutes of the Ministry of Cultural Heritage Committees' and noticed some errorneous findings in them.

In Chapter 3 of my paper, I confirmed that the Gongin version and the Samsung version were not printed by the same method. By comparing the two versions, I verified characteristics of the Gongin version that only occur when using metal types.

In Chapter 4, I reviewed the history of Korean typography to find the rightful plsce in the printing history for the Gongin version. In the 19th and 20th centuries, Korean metal types research was published by many foreign scholars from such places as the United Kingdom, and other countries. Such publications are the foundation for Korea's pride as being the first in the world to use metal types for printing.

Above all, Professor Son Hwanil, who majored in calligraphy, pointed out differences in the ink density and shade characteristics of the inverted type used to print the Gongin version, and Professor Choi Taeho of the Department of Wood and Paper at Chungbuk National University recognized some general characteristics and inconsistencies in the print quality of the Samsung version that are usually caused by wood grains and splits, which are common in woodblocks.

Scientific analysis revealed these are not present in the Gongin version. I am eternally grateful to Professor Son and Professor Choi for their effort and cooperation.

부록 1-4 일문 초록

南明泉和尚頌證道歌

著者 朴相國

東国大学校仏教学科卒業

同大学院仏教科碩士過程卒業

仏教学博士(大正大学、東京)

仏教書誌学者。

文化財管理局専門委員、国立文化財研究所芸能民俗研究室長、

文化財委員、韓国文化遺産研究院院長などを歴任

現在、東国大学校仏教学部碩座教授

著書

『文化財大觀』(典籍篇)、『無垢淨光大陀羅尼經』、『全國寺刹所藏 木板集』、

『寫經』、『高麗大藏經板의 板刻과 南海』

〈目次〉

はじめに

第一章『南明泉和尚頌證道歌』とは何か

・『永嘉證道歌』

・『南明證道歌』

・現存する『南明證道歌』板本

第二章『南明證道歌』をめぐる謎

・「崔怡の誌文」再考

・なぜ「空印本」は木版本と誤認されたのか—文化財委員会の会議録を中心に—

・「空印本」は「三省本」と同一本ではない

第三章 最初の金属活字本の特徴

・鑄ばり

・字画の脱落

・加筆

・活字のずれ

・文字の反転

・活字の高低差による濃淡の違い

第四章 正されるべき「韓国における印刷の歴史」

・仏教経典信仰と印刷術

・高麗時代における金属活字印刷

・朝鮮時代における金属活字印刷

・韓国の金属活字についての国際的な関心と研究

付録

・『永嘉證道歌』『南明證道歌』現存板本目録

・『南明證道歌』韓国語完訳本

・「空印本」『南明證道歌』影印本

索引

〈要旨〉

「空印本」『南明泉和尚頌證道歌』は これまで木版翻刻本であるとされてきたが、本研究によって1239年に刊行された世界最古の金属活字本であることが明らかになった。これまで1377年に刊行されたとする『直指心體要節』が最古の金属活字印刷本として知られてきたが、『南明泉和尚頌證道歌』(以下『南明證道歌』)が、それより138年早いことになる。さて、『南明證道歌』は唐の僧侶、玄覚(665~713)が中国の禅宗第六祖である慧能に謁見し、悟りを開いた境地を詠んだ『證道歌』に、宋の南明法泉禅師が継頌を付して、その内容を解りやすく解釈した書物である。

　この『南明證道歌』の巻末には、当時の最高権力者である崔怡の跋文が付されているが、その核心となるのは「募工重彫鑄字本」の解釈である。正しくは「刻工を募り、鋳字本(金属活字本)を再び刊行した」とすべきところを、「刻工を募り、鋳字本から再び木版本を彫った」と誤って解釈されてきたのであった。

このように誤認された所以は、1984年「三省本」『南明證道歌』が「宝物」に指定される際に、高麗本の様式的特徴を有していたため高麗時代のものと見做され、巻末の「崔怡の跋文」も木版本であると誤って認識されたことに因る。その後、2012年に「空印本」が「宝物」に指定される際にも、「三省本」と同様、巻末に「崔怡の跋文」が存在したために、両者は同一本と誤って判断されてしまったのである。

しかし、「三省本」との比較・分析による最近の研究結果によって、「空印本」に付された「崔怡の跋文」も、「三省本」のそれとは異なり、金属活字本であることがわかり、したがって、「空印本」『南明證道歌』は、「三省本」とは異なる金属活字本であると明らかになった。「空印本」は 金属活字本の特徴を全て備えているだけでなく、金属活字鋳造における最初期にしか見られない特徴も随所に確認できたため、初期の金属活字本であると明らかになったのである。以上のように第一章では、『南明證道歌』を概説し、現存する版本の調査・分析を行った。

第二章では、「空印本」『南明證道歌』は、何故これまで金属活字本ではなく木版本とされてきたのか、誤って認識された過程と理由を詳しく考察した。最も論争の的となった「崔怡の跋文」が金属活字によるものであることを明らかにし、1984年の「文化財庁文化財委員会の会議録」を再検討した。

第三章では、「空印本」と「三省本」が同じ木版本ではないこと、さらに、金属活字本と木版本を比較対照することによって、「空印本」には最初期の金属活字本ならではの特徴が見られることを明らかにした。

第四章では「空印本」の歴史的位置を明らかにするため、韓国における印刷術の歴史を概観した。特に19世紀末から20世紀にかけて、イギリスやフランス、日本、ドイツ、アメリカなどの外国の学者によって、韓国が世界最古の金属活字を発明した国であると、広く知らしめるに至った。さらに、外国人学者の諸研究を通して高麗時代の金属活字本前後の相関関係が正確に理解でき、そのことを通して「空印本」が、韓国の金属活字発明直後に刊行された、最初期の金属活字本であることが確信できた。何よりも大韓帝国末期の苦難に満ちた時期に、外国人学者らが研究し、韓国が世界最古の金属活字の発明国であると明らかにされたことに、韓国人としての矜恃を示し得た。

最後に、書道史専門教授である孫煥一氏には、反転した文字と活字の濃淡について具体的にご指摘いただいた。また、忠北大学木材紙学科の崔太鎬教授は、科学的な分析によって、一般的に木版本に表れる割裂や木目紋などが「空印本」には見られないことをご教示いただいた。心より感謝申し上げる。

찾아보기

남명천화상송증도가

南明泉和尚頌證道歌

2

南明泉和尚頌證道歌一部　幷序

我聞如來善護念諸菩薩以心善付囑
諸菩薩以法心之所示言所不能該法
之所傳意所不能盡即言即意皆諸妄
想離言意者亦復如是不即不離種種
平等不隨於無不麗於有言意兩忘而
心法得矣夫法本無為對境而立心非
有祖隨物而現故前際不來後際不去

其於今也如轉輪如流水不流不轉而

亦不住不住則無在也無不在而無不在

是真常住者也而昧者不知乃以色見

如來以音聲求如來豈不謬哉

永嘉禪師證道歌其深於道矣然道無

所事於證也而永嘉方且曉曉而與俗

辯者彼豈累於言意為哉惟如來不厲

世間而入涅槃不去文字而住解脫矣

斷煩惱而流出一切眞如菩提永嘉盖

得諸此而已

南嶽禪師泉公昔居千頃復頌證道歌

成三百二十篇嗚呼發如來大智慧海

使人皆得望其涯涘而泝其流不絶諸

念不著諸相不外諸因緣普以吾覺悅

可衆心何其盛哉觀其頌而吾無能惜

其狂言故爲之序云時熙寧十年丁巳

七月括蒼吳庸天用序

南明泉和尚頌證道歌

千頃山沙門 法泉 頌

證道歌。歌此曲涅槃會上曾親囑金
色頭陁笑不休數朶青山對茅屋
君不見呵是何顏擬議思量隔乱山從
此曹溪門外句依前流落向人間
絶學無爲閑道人云蹤鸖態何依托春

深幽鳥不歸來巖畔群花自開落

不除妄想不求眞眞妄都如鏡裏塵打

破虛空光影斷此時方見本來人

無明實性即佛性兩處由來強立名四

海晏清時雨足不勞野老賀昇平

幻化空身即法身若了法身無內外喬

狗泥猪却共知三世如來曾不會

法身覺了無一物瑩若晴空絕點霞因

憶靈山當日事攜節春徑踏殘花

本源自性天真佛。目若青蓮齒似珂未

識慈尊須急去遲頭鷂子過新羅

五陰浮雲空去來。英英似有還非實西

風一陣掃無蹤萬里山河共晴日

三毒水泡虛出沒。起滅無蹤不可窮勿

謂水泡名相異千波萬浪盡朝宗

證實相。絕離微不在東邊不在西最

好江南三二月折花風暖鷓鴣啼

無人法。祇此人見說今年直是貧舉

目已無依倚處金剛門外尚含瞋

刹那、滅却阿鼻業。休言善惡一不同途

須知罪性猶霜雪慧日才昇一點無

若將妄語誑衆生。自已何緣能出離

此心終日類孤舟秖欲合靈免淪墜

自招撰古塵沙劫。莫大之恩豈易酬

對此翻憐遠遊子，光陰喪盡不迴頭。
頓覺了，即忘塵依舊眉毛在眼邊、
上機關，何足道飢來喫食困來眠、
如來禪。須密悟寂靜無為超四句團、
扇雖將擬月輪俊鷹一不打籬邊免、
六度萬行體中圓。真體無勞辨同別、
萬水蟾光任去留皎皎天心唯一月、
夢裏明明有六趣。苦樂相交不暫停、

欲出輪迴生死海須從北斗望南星

覺後空空無大千○始信從前自拘縛

如今要識本來空門外青山倚寥廓

無罪福○妄真捐皎月當秋莫喻圓仗

釰支殊猶不見豈容生死到伊邊

無損益○更何疑佛祖從來自不知南

北東西無閑斷鳥窠空把布毛吹

寂滅性中莫問覓○坐斷千峯過者難

莫訝空堂無客到從來不許外人看、

比來塵鏡未曾磨。心垢為緣漸昏黑

神膏點出一堂寒始信靈光非外得、

今日分明頌剖折。爭肯區區徇世情

決散浮雲孤月上大千沙界一時明、

誰無念。念皆眞若了眞眞未出塵到

岸捨舟常式事何須更問渡頭人、

誰無生。生是妄妄起無根即實相一

夜曹溪水逆流平人無限隨波浪

若實無生無不生。生生豈與無生異

無不生時。一物無欲識無生萬法是

喚取機關木人問。此理從來不屬知

若謂無知是眞道秋風臺殿泰離離

求佛施功早晚成。無證無修功自久

看取虛空滿目前豈容捉搦隨人手

放四大。獨坐獨行無罣礙破虛關掁

向日眠何必更覓超三界

莫把捉。翦翦䂓䂓成大錯欲縛心意

學修行大虛豈解生頭角

寂滅性中隨欲啄無思無慮混時流

曾飡一粒家田米直至如今飽未休

諸行無常一切空緣起緣終性本同

欲捨緣生求實義猶如問北却行東

即是如來大圓覺更無一物可雌黄

倚簷山色連雲翠出檻花枝帶露香

決定說。莫狐疑直下承當已是遲香

嚴當日成何事擊竹徒言上上機

表眞乘。不虛僞攝盡塵沙無量義堅

窓長如百鍊金剛鎚猛燄徒相試

有人不肯任情徵。意句交馳千萬狀

園裏花枝任短長青帝春風還一樣

直藏報源佛所印。電轉風行頃刻開

火急歸來莫迴顧須臾寒日下西山

摘葉尋枝我不能數去翻來何所得

可憐遊子逐芳菲不覺紅塵蓋顏色

摩尼珠本無瑕類絶精麤月白風清

去年夜一帆飛過洞庭湖

人不識無量劫來至今日放下皮裹

子細看不須向外空尋覔

如來藏裏親收得要識如來藏也麼

酷酒冷茶三五盞長江風急浪花多

六般神用空不空在聖在凡無異質

不二門開任往還何須更問維摩詰

一顆圓光色非色那律能觀不易觀

正體從來誰得見風高天地雪霜寒

淨五眼及還同萬別千差畢竟空誰

知塵劫無窮事如視庵摩在掌中

得五力是真修去長依聖道流直

趣菩提心罣碍有何魔外敢擡頭

唯證乃知難可測 一點孤朙若太陽

盲者不知光所在 伍頭冷坐暗思量

鏡裏看形見不難 顏容雖似還非實

欲識當年舊主人 剔起眉毛在今日

水中捉月爭拈得 真月何甞在水中

但得癡狂解息 江河淮濟一時通

常獨行 過得潼關罷問程一徑森森

人不到黃金殿上綠苔生

常獨步 從前更勿別門戶何事寒

山愛遠遊如今忘却來時路

達者同遊涅槃路 看來皎皎勿遮攔

古今履踐何曾息遊子休言下脚難

調古神清風自高 若涉絲毫未相許

妙峯頂上忽逢時不與白雲為伴侶

貌頷骨剛人末顧取相凡夫豈易精

子貢不知蓄糵味空馳駙馬入來

窮釋子，續眞風三世如來格調同莫

詐通身無所有，伊家活計本來空

口稱貧，心爆爾城市山林無所止著

筒孃生破布衫幾經劫火長如此

實是身貧道不貧，囊無一物度青春

報爾此人休取相，一番拈起一番新

貧即身常披縷褐，相逢不用笑藍縷

有時抖擻開提起勝得空披錦繡衫

道即心藏無價珍 世出世間難可比

五蘊山前著眼看 點著不來千萬里

無價珍 寶之寶搜徧龍宮無處討直

鐃舶主善機宜開口論量定相惱

用無盡 豈能過今古源源若逝波悲

顧所薰方至此毗耶香飯未爲多

利物應形終不悋 還似龍王降雨初

舉意風雲天下徧有何花木不霑濡

三身四智體中圓○此體從來無有二

若於自性絕追求萬種名言非實義

八解六通心地印○泥水空三用草書

獨有鐵牛曾搭處竹林東畔石橋西

上士一決一切了○勢若崩山不小車

豈似刻舟求劒者舟移猶自守舡頭

中下多聞多不信○祇為離家歲月長

22

勸爾從今又息求索、自有珎財、滿故鄉、

但自懷中解垢衣。此衣從來亦無價

如今線綻體全彰更莫區區尋縫罅

誰能向外誇精進。取捨心生添汗人

桃源洞裏花開處不待東風自有春

從他謗。意安寧一切言語但風聲木

人花鳥曾相遇彼若無情自不驚

任他非。非亦是非是何曾選了義

23

義將何爲指陳春深花落蘗苔地

把火燒天徒自疲。蒼蒼豈解生煩惱

若將自巳合虛空即是如來眞實道

我聞恰似飲甘露。一滴能令萬病消

高卧山堂寂無事任他今日又朙朝

消融頓入不思議。如今不必更消融

直下分朙猛提取數竿脩竹一堂風

觀惡言。若了無言理不偏幾度江風

連日起未聞沉却釣魚舡

是功德○慧釰親揮煩惱賊烟塵掃盡

却歸來一色一番皆淨國

此即成吾善知識○忍心如幻攬無痕

達多親授靈山記銘骨如何報此恩

不因訕謗起忍親○爭識曹溪路上人

曾渡流沙天未曉至今蒲面是埃塵

何衰無生慈忍力○無生自證忍還忘

年來老大歸何處剎剎塵塵是故鄉
宗亦通〇眞秘訣摩竭當年曾爲說文
殊撞倒老維摩至今有理難分雪
說亦通〇義無量應感隨機爲宣暢苦
得因言達本根止啼黃葉知虛妄
定慧圓明不滯空〇上下悠悠無覓處
有時自與白雲來昨夜還隨明月去
非但我今獨達了〇是我何當落見知

有我貪應還未達若言無我更愚癡

恒沙諸佛體皆同○此體從來無間斷

欲知此體爲君宣漁人笑立蘆花岸

師子吼○響而圓振徹幽微力自全有

情春獵蒙開曉長似春雷發半天

無畏說이不迁斜凡聖都如病眼花荊

棘林中啓行路相將共到法王家

百獸聞之皆腦裂○還如魔衆聞眞說

慈悕歸來失舊容不知本自無生滅

香象奔波失却威○二乘證性還如此

不知煩惱即菩提自取泥洹厭生死

天龍寂寂聽生忻悅○含生從此盡依歸

幽巖寂寂不迴首却向人間著弊衣

遊江海○窮極淵源興猶在自有金鎚

勝寶珠龍三不用空憂怪

涉山川○拶栗曾分野路烟今日誰知

28

當日事有時開倚草堂前

尋師訪道爲參禪○

嗟爾今人苦自欺憧破額頭猶未省 何事玄沙不出嶺

自從認得曹溪路○ 鈍袋針筒日日開

若是當年本逐者爲傳盧老待君來

了知生死不相干○ 若了死生無去住

跋提當日有遺風雙擧金趺向鶴樹

行示導○不落中間與二邊熊耳老師

曾漏洩獨攜隻履到西天

坐亦禪○非舉非沉豈元然遊子采知

春已去誤聽黃鸝作杜鵑

語默動靜體安然○萬境來侵渾不動

著却當年破草鞋護身符子全無用

縱遇鋒刀常坦坦○蘊空已證即立身

臨危莫計無憂怖祖父同家是此人

假饒毒藥也閒閒○曾得金人護生訣

祇聞凍水快春風未見濁泥汙明月
我師得見然燈佛〇布髮泥塗志不移
今日如來還出現休言無復似當時
多劫曾爲忍辱仙〇性等虛空離頂䫉
寶刀無刃謾持來幾爲歌玉悲不已
幾迴生〇長夜冥冥信腳行改頭換面
無窮日忘却當年舊姓名
數迴死〇積骨如山猶未已山前野老

若相逢蹉步不移歸故里

生死悠悠無定止○貪嗔如酒醉難醒

冥然不記還家路飄去沉來似水萍

自從頓悟了無生○性種熏成斷憎愛

是名是相絕纖毫海闊山高人不會

於諸榮辱何憂喜○如石逢春不變春

試問庭前桃李樹花開花落爲誰人○

入深山○自樂朝昏養病顔時人欲識

散中意幽禽時與斷雲還

住蘭若○遠離塵囂真靜者請看終日

縱心後何似深居調意馬

岑崟幽邃長松下○一念凝然萬慮灰

塵中一徑連峯頂誰解偷閑向此來

優游靜坐野僧家○困即開眠渴即茶

暑往寒來何所有一條雲衲是生涯

閑寂安居實蕭灑○密密行藏不露蹤

千眼頓開無覓處等閑門下却相逢

覺即了○日午三更半夜曉桃花才謝

杏花開始信從來無人少

不施功○欲識無功恰似風無眼無喜

無心意吹砂鼓霧蒲晴空

一切有為法不同○好條心源求出離

露滴漚沉瞬息開浮生萬物皆如是

住相布施生天福○玉殿花臺任意過

34

休言佛石能堅久若比無生是利那

猶如仰箭射虛空○是箭爰由空裏英

須求實相趣菩提免向三塗撓頭面

勢力盡○斬傾歆猶若天人見五衰惟

悴始憂圖碎若不似歡園正樂時

箭還墜○極方休識浪飄飄若散漚還

隨吾業重牽去到此何嘗得自由

招得來生不如意○爲因不正果還娘

35

行檀施三輪淨罪福、雖靈奈爾何、

兼似無為實相門。欲知實相實無相、

春至幽禽盡日啼，月出漁舟連夜放、

一超直入如來地。頓證何須滿月容，

還似龍門魚化日，一聲雷後覺無蹤、

但得本。終朝更不勞屑吻，一飽臕脿兒

萬事休任他人笑無思忖

莫愁末。世界無窮都一攝，折腳鐺兒

不惜人煠粥煎茶自提掇

如淨瑠璃含寶月○體用相交璨爾朙

有眼不能窺髣髴無心方見本圓成

我今解此如意珠○迸出寒光千萬仞

四生六類恣湏求世界有窮此無盡

自利利他終不竭○悲水心花半夜開

金毆玉堂留不住披毛戴角又重來

迼月照○衲子家風最爲要夜靜同誰

話此心亂山時有孤猿叫

松風吹入○佛面蕭蕭無盡時報下荻苓 妙樂也

神入妙往來燕子幾人知

永夜清霄何所為○行時行坐時坐

為生雙角甕生根終不為君輕說破

佛性戒珠心地印○普天市地勿遺餘 往起也

莖莖蠢蠢皆同有誰道唯傳碧眼胡

霧露雲霞體上衣○衣體從來無別號

남명천화상송증도가

休言一物不持來大地山河皆我造

降龍鉢이 體堅牢展盡靈通莫可逃大

千沙界曾威去不怕攀雲萬丈高

伏虎錫 響遙空分闘曾飛入亂峯不

識惡親同一體謾謗玉屋有遺蹤

兩鈷金鐶鳴歷歷 祇此圓通爲指南

若見觀音眞住處方知不在寶陀巖

不是標形虛事持 欲使因聞自迴向

忽於聽處覓無蹤　更看它蓑古時樣

如來寶杖親蹤跡　能與生靈斷網羅

兩鈷六鐶雖善表　不識全提未足多

不求眞　求眞便是有蹊親識　將金屑

安雙眼雖貴如何不礙人

不斷妄　妄與眞源同一相　曾看江上

弄潮人未聞愛水嫌彼浪

了知二法空無相　眞妄忘來是

若謂是真還是妄若忘是真真處人
無相無空無不空 無去無來無所止
松下清風掃盡苔茅庵依舊白雲裏
即是如來真實相 朙月蘆花色莫齊
普眼當時無覓處起來和雨宿寒溪
心鏡朙 輝選通累日昇空難可比一
片寒光湛不流 千沙界從盞起
鑒無礙 絕毫釐狀千形共不知寂

41

寂光中人去後身未斂眉毛是阿誰

廓然瑩徹周沙界相見全非舊日顏

当六謂從來無覓處有時擺尾上南山

萬象森羅影現中流法非虛亦非實

是名是相本無生衆毛師子一毛畢

一顆圓光非内外近無形狀遠無垠

兒童不識空名邈却道團團似月輪

谿達空魔所誘祇言萬物都無有去

路猶賒日已西可憐獨似喪家狗

撥因果　更堪傷迷失夷途暗且狂苦

楚他時親受處始知善惡業難忘

莽蕩蕩招殃禍　惡不加愄善不修

無悟無迷開口是泥犂未到辛難休

棄有著空病亦然　背空取有還如是

鉢袋持來夜未央老盧祇見錐頭利

猶如避溺而投火　水火雖殊害豈差

若入荒田隨手得不勞移步便還家

捨妄心曰　將心除妄妄還深了妄即真

真不有一條麻線兩條針

取真理○片甲纖鱗未為美木女穿雲

笑不休大洋海底紅塵起

取捨之心成巧偽○真妄須知性不殊

半減半生修至道還如登木塈芙蕖

學人不了用修行○了得修行豈虛

若將覺響作鐘聲不獨無實無自誑

深成認賊將爲子○愛妄纏心不自知

待到年窮君自看荒涼家業更由誰

損法財○功自棄往返三塗何所特省

覺由來在刹那不必辛勤坐獲利

減功德○更何猜五爲門戶一爲媒從

前寶所無關鑰自是時人不肯來

莫不由斯心意識○從茲共往若實辭

如今已與同家業無限珎䝭更不偸

是以禪門了卻心○兀兀騰騰度朝夕

佛趏相看驀路同大暑迎涼寒向日

頌入無生知見力○無生知見若爲論

有時望月過深夜幾爲求齋到遠村

大丈夫○威且愛草偃風行無窒凝不

止賢愚作羽儀險惡途中人所謨

素慈釼○雪霜寒䆒海何人敢正看剔

起骨云便歸去髑髏峯後草漫漫
賴若鋒兮金剛燄○堅猛能燒亂相林
一掃更無毫髮許傍人猶笑老婆心
非但能摧外道心○戴盆鑷腹何窮數
靈山擾坐略搖鞭良馬追風自迴去
早曾落却天魔膽○邪正相交勢可知
自是汝曹增愛重非千佛子不慈悲
震法雷○一擊轟然編九垓眞謂從來

無影象含靈曾為眼森開

撃法鼓○兩天此土親規矩癡人睡重

自無間不是觀音心未普

布慈雲兮灑甘露○人間天上絶纖塵

濛濛一味無羌別流出萌芽萬種新

龍象蹴蹋潤無邊○自在縱橫勿羈絆

象生未盡證菩提終不輕離煩惱羌

三乗五性皆醒悟○舒即参羌卷即同

鷓鴣雀噪鳳飛　各異、到頭曾不離虛空、

雪山肥膩更無雜。時雨時風不露根

莫謂綿綿無一事曾傳消息到王孫、

純出醍醐我常納。若非寶器貯應難、

擧世何人知此味寒山撫掌笑豐干、

一性圓通一切性。是性悠悠一即多、

若了一多非一異無來會得麼、

一法徧含一切法。一法為主衆為賓、

49

無主無賓即賓主、芥納須彌不礙人、

一月、普現一切水。非遍非還體自常・

南北東西、分影去亭亭天外有餘光、

一切水月、一月攝○月不分形水不孤、

時人未遠清故路、孤道寒光滿大虛、

諸佛法身、入我性○無我無人謾聖凡

幽徑落花、紅似火繞門流水碧如藍

我性還共如來合○合處非他非自巳

須彌頂上鐵船沉穿耳胡僧瞻彈指

一地具足一切地。行位羌別祇此身

歷盡僧祇三大劫今年還似去年貧

非色非心非行業。戲論言詞怱不如

唯有華山潘處士途中吟望倒騎驢

彈指圓成八萬門。八萬法門唯一處

若迷一處謾馳求一處若明無本據

刹那滅却三祇劫。一念無生一亦非

大地盡同銀色界有何歧路不同歸

一切數句非數句○性相分拏萬種名

閉戶秖言天未曉不知門外日頭生

與吾靈覺何交涉○千聖真機不易親

眀州布袋多狂怪閙中常把示行人

不可毀○天兵魔后徒威美慈光照處

各歸投清鏡觀來自慚恥

不可讚○虛空未省曾離闇普吉巖中

草不生憍尸謾把天花散

體若虛空勿涯岸○秘藏微言莫可詮

十聖三賢不知處○有時閑掛寺門前

不離當處常湛然○非是眾生非是佛

驀然撞倒須彌山始信從來無一物

見卽知君不可見○不見須從此路歸

病鳥祇栖蘆葉下俊鷹才舉搏天飛

取不得○雲生電轉寰區黑臨濟途中

空手迴被人剛喚自拈賊

捨不得○四方上下皆充塞鴛子何知

欲棄拈空惹天花編衣祴

不可得中祇麼得○無葉無根到處生昨

黙時說○暗中朙。朙暗慈來若砥平不

日開簾隨南過本朝當路處人行

二法門終濱處眈邪城内似雷聲

說時黙○絶寅緣縮却舌頭始解宣四

十九年ㅣ無一字龍宮海藏을若爲傳고

大施門開無擁塞호야不厭流泉不愛山이라

帶慶灰頭似雪步行騎馬過潼關이라

有人問我解何宗고不惜眉毛略爲通호리라

東嶺雲生西嶺白前山花發後山紅이라

報道摩訶般若力호라古佛今佛眞秘密이니라

謝三本是釣魚人過得溪來脚不濕이라

或是或非人不識호니不識伊家更是誰오

撥面改頭如幻化 見童爭辦等閑知

逆行順行天莫測。更無儀範作規箴

黄輿豈可窮邊際 徒把新錐候淺深

吾早曾經多劫修。因修乃證無生力

癡人求道不修行 還似蒸沙望克食

不是等閑相誑惑。從来真偽豈相干

虎皮羊質知多少 要識真金火裏看

建法幢。靈山牓樣更無雙 用女兒

帶席·帽手攜節杖過寒江

立宗肯○左凹右凸誰相委海門舡子、

過楊州八臂那吒蕊似鬼

朗朗佛勅曹溪是○如今何處是曹溪、

日日從東畔出朝朝雞向五更啼

第一迦葉省傳燈○糞掃爲衣自知足

砥因起波泄天機直至而今遺齒錄○

二十八代西天記○不戀幽巖共入塵

杖子一枝無節目慇懃分付夜行人
入此土○信機緣五葉花開豈偶然無
聖廓然人不會九年孤坐鼻撩天
菩提達磨爲初祖○謾道西來欲付衣
却羨梁王員慷慨寒江趙過不容歸
六代傳衣天下聞○表法聊將記宗旨
當時放下勿肎訛何事人來提不起
後人得道何籌數○不是唯從嶺外來

滇信春陽及萬物高低花末一時開

眞不立○白駒未似流波急當日文王

却識珍卞和堪笑空垂泣

妄本空○遊子思鄉歲巳窮舉足是家

歸便得何勞流恨向西風

有無俱遣不空空○若欲存空還是礙

山人去後老猿啼茅屋空來白雲在

二十空門元不著○眞妄悠悠病巳除

一徑穿雲人不到千巖萬壑繞吾廬

一性如來體自同○同中無路任西東

井底蝦蟆吹鼓角門前露柱笑燈籠

心是根○暗登斜蟠已露痕直下可憐

人不見空將枝葉付兒孫

法是塵○一點才生即喪真勿謂名中

無實義紛紛全露本來身

兩種猶如鏡上痕○障覆靈明類心垢

山河大地匆綠毫誰掛高臺辨姸醜

痕垢盡除光始現○孤明獨露大千寒

無塵未許傳衣鉢弄影須知不易觀

心法雙忘性即眞○眞性非無亦非有

少林幾度暗思量維摩末敢輕開口○

嗟末法○背眞風觸物昏迷若駿童空

立三車火宅外何時同到四衢中

惡時世○近三災煩惱界生嗟不迴刀

兵飢鐘千般苦盡是人心造出來

眾生薄福難調制○險詖奔騰若蹄猴

芊樹欲崩魚小水悲哉不悟苦人言

去聖遠兮邪見深○我慢纏綿昧真佛

導師悲濟幾辛勤愛河暫出還沉溺

魔強法弱多怨害○善惡雖殊佛性同

好向此時明自巳百年光影轉頭空

聞說如來頓教門○半笑半瞋情不悅

一朝歸去見慈親方知自昔同家業

恨不滅除令瓦碎〇真空無相謾參辰

蚍蜉可笑不量力欲鼓微風撼大椿

作在心〇何大錯如將金彈逐飛雀無

朗郎主恣貪瞋用盡家財渾不覺

狹在身〇難脫離到此徒分愚與智痛

楚酸寒百萬般父子雖親不容替

不須悲訴更尤人〇自智不朗乃昏塞

三十一

菩提煩惱舊無根祇在迴心一頃刻
欲得不招無間業○若論無間酷難當
不唯謗法獨沉此六賊危人更可防
莫謗如來正法輪○匱法因緣苦難究
縱經空劫寄他方此界成時復來受
栴檀林○極目蕭蕭一徑深遊子幾閒
香撲鼻等閑失却本來心
無雜樹○葉葉枝枝同雨露執熱行人

嘷不歸四 時空把青陰布

叢密森沉師子住○舉目長騰百丈威

遺迩不交林外見更容何物此中歸

境靜林間獨自遊○不住不行亦不倚

遲遲金毛才拂時無限清風隨步起

走獸飛禽杳遠去○四顧寥寥一境空

豈是從來無侶伴爲他毛色不相同

師子兒이 奮振全威也大奇入窟藏

身、獨得妙從來不許衆王知。衆隨後○牙爪難藏威已就空山遊戲存多端翻身一擲無新舊。三歲便能大哮吼○種性無羞勢力全坐斷東西無過路巍巍長在碧嚴前。若是野干逐法王○林下山邊謾來去狐假虎威徒自欺方逢本色還驚懼。百年妖恠虛開口○滅智庵泉若乍開

爭似毗藍園樹下生四顧絶追攀

圓頓教○金龍出海休籠罩靈

轟雨似傾無限人天夢中覺

勿人情○若著人情道不成南陽國

老區區甚祇蹋毗盧頂上行

有疑不決直須爭○眞是眞非離煩惱

終朝古路奧人行無奈迷徒戀荒草

不是山僧逞人我○爲法忘軀正此柴

不向邪兵揮智刃、驪珠無類有誰知。

修行恐落斷常坑。〇若落此坑難出離。

今朝打鼓為三軍、動著干戈還不是。

非不非。〇看取靈苗未發時、大鵬奮翼

摩霄漢、肯學寒蟬戀死枝。

是不是。〇西家置得東家地、中心樹子、

若屬君不用波波尋四至。

差之毫釐失千里。〇非是相交眜巳靈

石火一揮天外去癡人猶望月邊星

是即龍女頓成佛○修行不待歷三祇

今人可歎多迷忘日到南方自不知

非即善星生陷墜○因果都忘昧正知

輪王種族無高下死生何事不同歧

吾早年來積學問○寸陰長恨急難習

源源恰似寒溪水不到滄溟肯便休

亦曾討疏尋經論○念世期爲破暗燈

懷俳欲窮沙數義豈知無說是眞乘

分別名相不知休○猶如隔雲望天日

担盡名忘直示君新羅附子金州漆

入海筭沙徒自困○祇為惺惺轉不堪

唯有文殊知此數前三三與後三三

却被如來苦訶責○馳求外物幾時傅

衣珠無價雖然在爭奈醫醫醉未醒

數他珍寶有何益○自巳家財却棄捐

兩手擘來如得用不湏辛苦走山川

從前蹭蹬覺虛行。直到天南及天北

幾迴緣水青山邊撞著祖師還不識

多年枉作風塵客。去日衣衫半不存

咫尺故園歸未得慈親空倚日斜門

種性邪。更偶邪師病轉加開眼若遇

眞知識縱令枯木亦生花

錯知解。知爲障兮解爲礙了悟空花

本不生蘇然動作無憎愛

不達如來圓頓制　祗將空有競頭爭

葉公好畫還如此　纔見眞龍却自驚

二乘精進勿道心　自證偏空求出離

三塗諸子日焚燒不肯迴心用悲智

外道聰明無智慧　取捨居懷肯暫忘

楊朱祗恨多歧路　不知脚下是家鄉

亦愚癡○起坐都如木偶兒自有生涯

傳祖父草鞋踏盡不曾知

示小駿○髑目無常任憎愛時將沙土

學圍城嗟爾那知寮宇大

空拳指上生實解○癡小狂迷類暗夫

若了此心無所得春風秋月自蕭疎

執指爲月枉施功○不唯失月還迷指

忽然見月指還忘森羅萬象寒光裏

根境法中虛捏怪○影事交羅昧正修

可笑幻師、逢幻物。自看疑怖、不知休。

不見一法即如來。○春至群花、冒雨開。

是色是心、人不會撞鐘擊鼓上高臺。

方得名爲觀自在。○能觀如月、未忘酬。

欲知法法、無覊絆大地山河是眼睛。

了即業障本來空。○法法無根妄分別

心生即是法生時心若無生法自滅。

未了還須償宿債。○金鏘馬麥更何疑。

誰言祖佛無逃處日捨全身尚未知

飢逢王饍不能發高下心生自離聞

呼來與食尚如斯嗟哉餓死人何限

病遇醫王爭得瘥頓除藥病未忘筌

何如塗毒一聲鼓卧聽行聞盡悄然

在欲行禪知見力居塵終日自無塵

妄心不必論華野蹋著眉毛是處真

火裏生蓮終不壞花似須彌葉似空

普散清香三界內不憂容易落西風

勇施犯重悟無生○善惡從來勿差互

五陰雲開月滿天不須更問還家路

早時成佛千今在○相好端嚴一百萬般

金口宣揚如不會七斤衫下試尋看

師子吼○三十三人盡驚走盡瓶打破

卻歸來青山淥水還依舊

無罣說○直與迷徒去釘橛溪邊野老

勿橫眉夏有炎煇冬有雪

深嗟懵懂顔庭難　故國非遷不肯過

還似浮萍根蔕斷悠悠生死信風波

祇知犯重障菩提　罪性如波結氷起

癡人渴死不低頭豈識疑氷全是水

不見如來開秘訣　秘訣何人敢舉揚

穿耳胡僧應大笑明明雪上更加霜

有二比丘犯婬殺　恥列金田上士名

惶怖不知心所自欲依淨戒救餘生

茲雖螢光增罪結○較量輕重揩毫釐

可憐鷦鷯心雖急脚下魚行奈不知

維摩大士頓除疑○三處無心略輕接

番人捉得麒麟兒放入祇園無覓處

猶如赫日消霜雪○靈霜消盡見青春

誰向靈雲開眼處認得桃花舊主人

不思議○謾度量舊惡無從性本常香

嚴童子虛開口舉足何曾識道場

解脫力〇若高風無影觸處通萬

里浮雲消散盡一輪明月在寒空

妙用恒沙也無極〇昔有深緣得暫逢

翻想未洄真化日幾迴流浪若飄蓬

四事供養敢辭勞〇譬如餧驢及餧馬

槽頭拾得鈴中盛四海何人敢酬價

萬兩黃金示消得〇此心荷戴卒難論

直饒施寶如沙數未及曹溪一點恩、

粉骨碎身未足酬○謾說乾坤及兩靈

古今誰是報恩人若有絲頭即辜負

一句了然超百億○若論一句我無能

如斯舉唱明宗旨笑殺西來碧眼僧

法中王○祇者是十體三身不相似自

有靈光照古今何必曾前題萬字

最高勝〇若爲宣靈山少室盡虛傳無

言童子能宣說來來棄你草鞋錢

恒沙如來同共證〇更無別法可傳持

海天明月初生處嚴樹啼後正歌時

我今解此如意珠〇瑩徹光明無背面

如今抛在衆人前擬擬思量還不見

信受之者皆相應〇笑入千峯不轉頭

飯後山茶三兩盞塵沙佛祖盡慈悲

了了見○更何言萬物唯新又一年云

去未歸何處客竹房深鎖斷雲邊

無一物○空寥寥豈是曾經劫火燒越

王任有傾吳策范蠡孤舟不易招

亦無人○唯有虛空是舊隣幻滅幻生

皆不有更從何處覓蹤親

亦無佛○昔人空下驪龍窟相好徒言

百劫修紅鑪燄裏難停物

大千沙界海中漚○起滅無從誰是主

雪峯曾與衆人看萬里無雲日卓午

一切聖賢如電拂○示無形狀示無名

天空白月人歸後幾握吹毛斷不乎

假使鐵輪頂上旋○任運隨縁無所作

火蕩風搖萬物空未見靑天解摧落

定慧圓朙終不失○能敵塵勞體自常

今古更無增減處昔人聊把揄金剛

日可冷。真金豈解重爲鑛魔王煽轄

不能施。萬古徒勞心耿耿

月可熱。此體如空非斷滅人聞妄見

有歡盈天外孤光無關歌

衆魔不能壞眞說。眞說長如柏在庭

幾見雪霜凋萬木盤空聲櫪更青青

象驚嶄嵘漫進途。眞體如空無所礙

雲駛浮桑日巳生。燭火不停欲何待

誰見螗蜋能拒轍〇須臾粉碎意猶獨

差爾不及蟬依木飲露斯風過一生

大象不游於兔徑〇彈偏折小豈徒然

無中有路如能入金鎖玄關盡棄捐

六悟不拘於小節〇相取心修達者嗤

舉止若無西子態効顰取醜更堪悲

莫將管見謗蒼蒼〇漏管雖窺天豈小

心智開朗妄見空始知法界無邊表

奈了吾今爲君決○此意明明不易傳

誰肯歸來古巖下任他滄海變桑田

南明泉和尚頌證道歌一部

後序

夫法不可見聞覺知而見聞覺知示不

外於法迷之則凡了之則聖故古之得

道者非即非離不縛不脫應機顯用言

或不能究而其自在則雖終日言而未
嘗言昔永嘉之見六祖振錫而立目擊
而道存矣少駐一宿因爲之證道歌道
本無證證之以歌雖不免於有言而卒
無所累者也則後世由其歌而悟入者
不知其幾何也又從而爲之注釋者亦
不知其幾何也然真得永嘉之趣者蓋
難其人矣泉公禪師賴山其類千頃頌

徒之暇於其歌句句之開分爲之頌太
抵隨邑而言空即定而言慧不見一相
而充滿法界不離一塵而圓具佛性其
詞穰落其旨宏遠昭昭然發永嘉之心
於數百年曠絕之後子竊幸叩師之緒
餘而因以開明故覽師之頌慕其清風
而不能自已命之鏤板用廣其傳庶使
尋者通冥者明而一超頓以悟乃歸之

後序

賜也熙寧九年七月十日括蒼祝

天南明證道歌者實禪門之樞要也故後學

恭禪之流莫不由斯而入引堂覲奧矣然則

其可開塞而不傳通乎於是募工重彫鋟

字本以壽其傳焉時巳亥□月上旬中書令

晉陽公崔 怡 謹誌